Build It!

Make Supercool Models with Your Favorite LEGO® Parts

THINGS THAT FLY

Jennifer Kemmeter

G™
GRAPHIC ARTS
BOOKS®

Contents

Plane-a-palooza

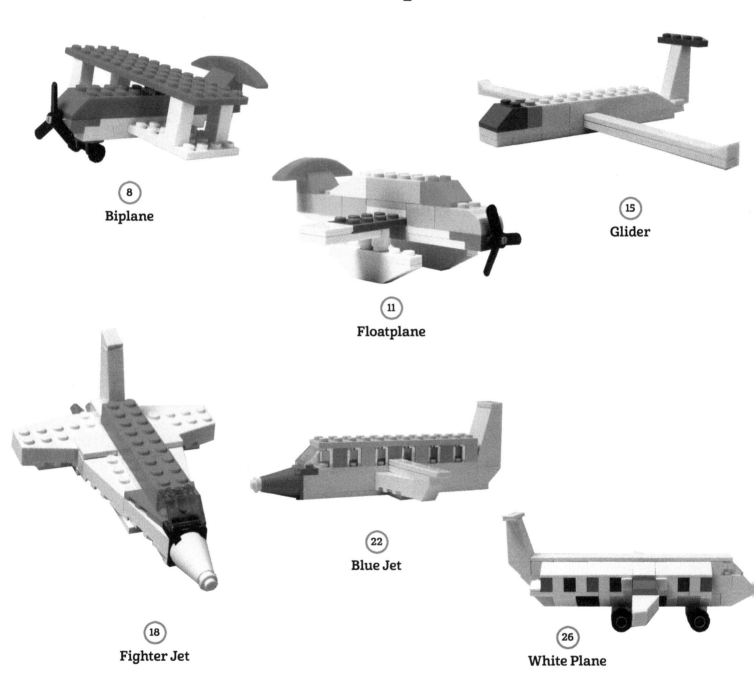

Ready for Liftoff

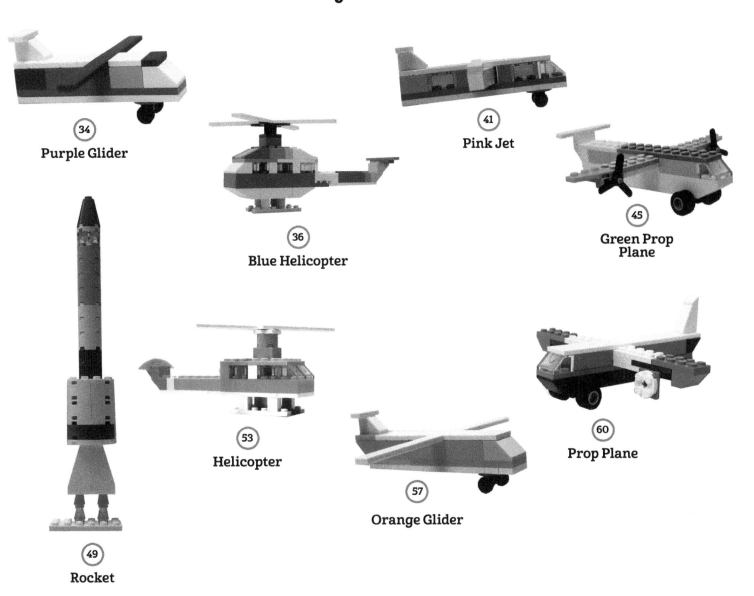

34 Purple Glider

36 Blue Helicopter

41 Pink Jet

45 Green Prop Plane

49 Rocket

53 Helicopter

57 Orange Glider

60 Prop Plane

Jumbo Jets

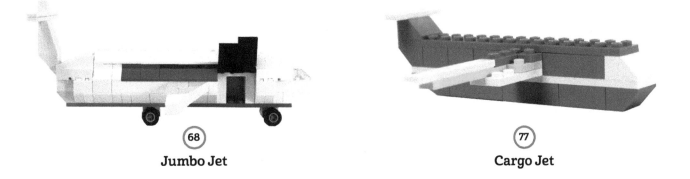

68 Jumbo Jet

77 Cargo Jet

How to Use This Book

What you will be building.

A photo of what your finished biplane will look like.

Build a Biplane

An illustration of the finished biplane that looks like the pictures in the steps.

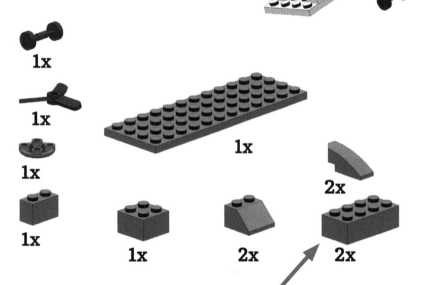

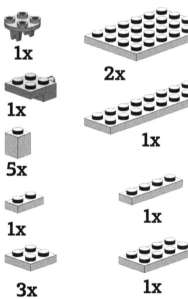

All the pieces you will need to build the biplane are listed at the beginning of each of the instructions.

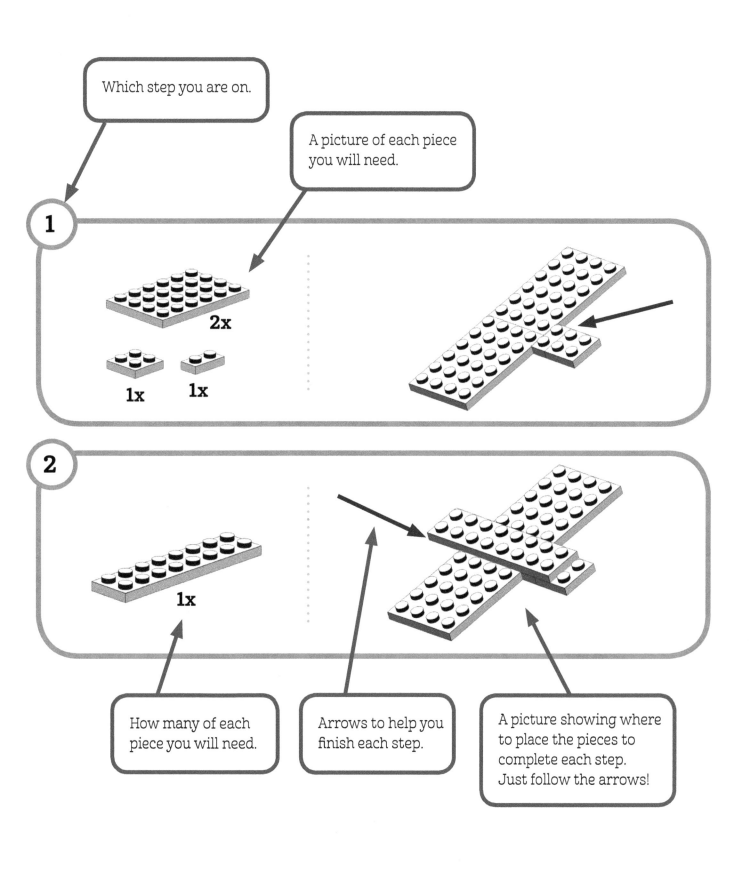

Which step you are on.

A picture of each piece you will need.

How many of each piece you will need.

Arrows to help you finish each step.

A picture showing where to place the pieces to complete each step. Just follow the arrows!

Plane-a-palooza

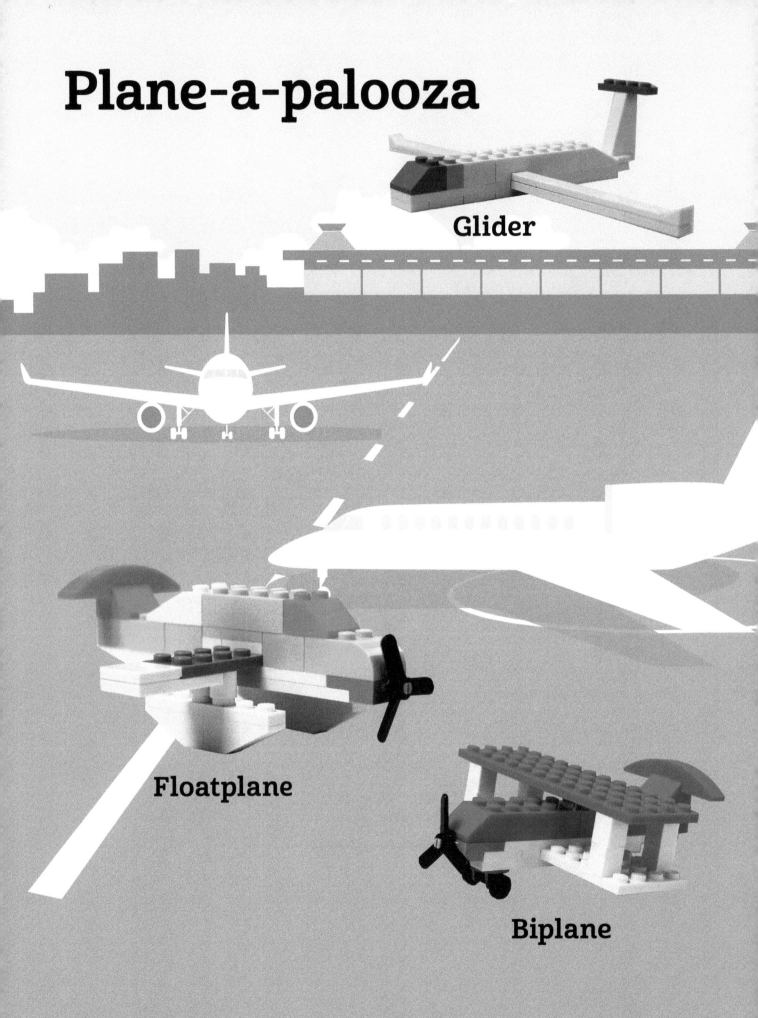

Glider

Floatplane

Biplane

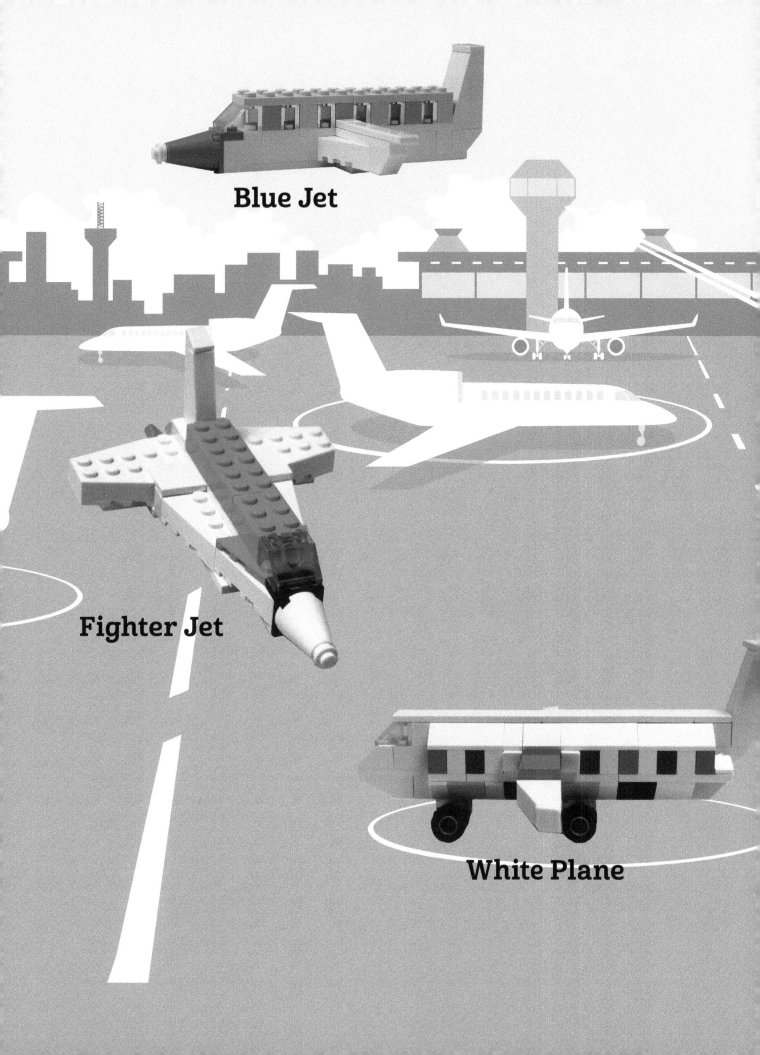

Blue Jet

Fighter Jet

White Plane

Build a Biplane

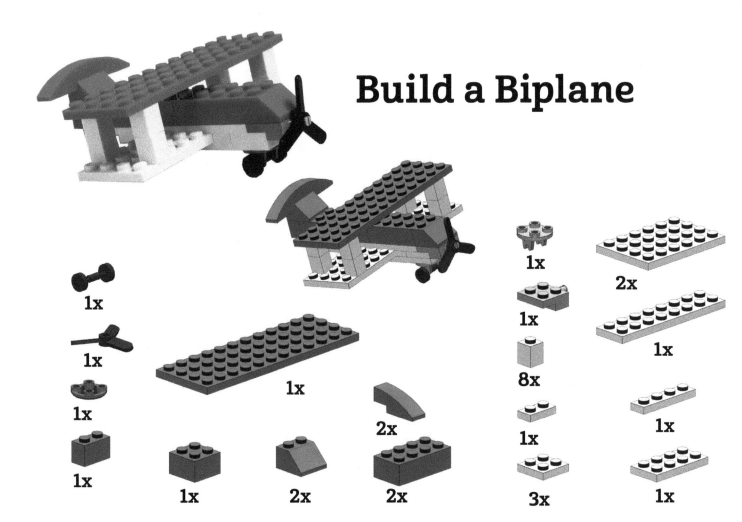

1x
1x
1x
1x

1x

2x

1x

2x

2x

1x

8x

1x

3x

2x

1x

1x

1x

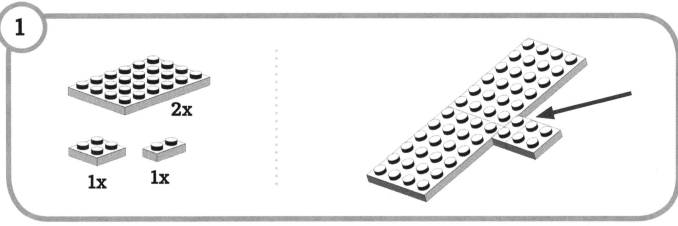

1

2x

1x   1x

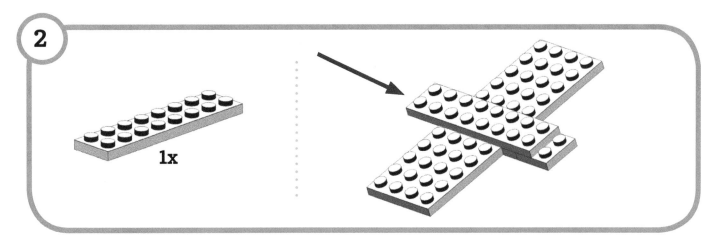

2

1x

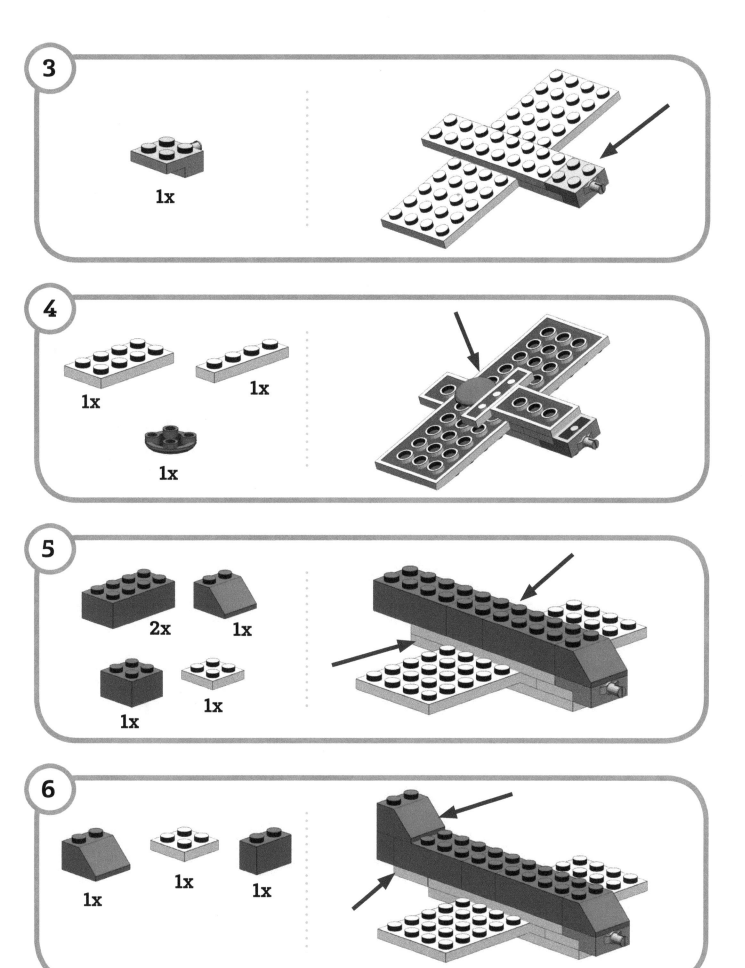

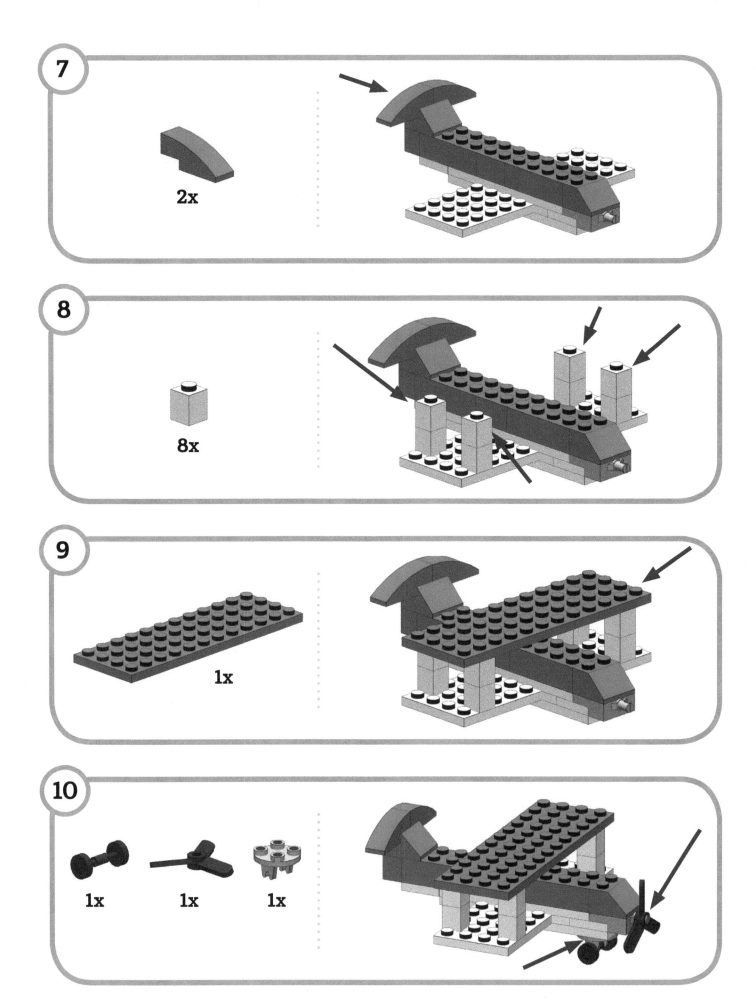

7 2x

8 8x

9 1x

10 1x 1x 1x

Build a Floatplane

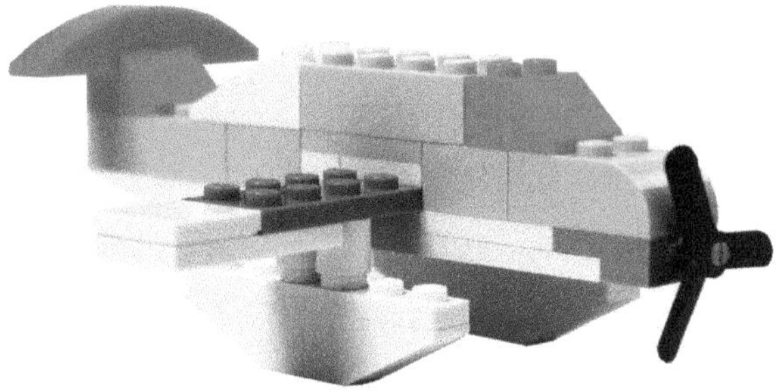

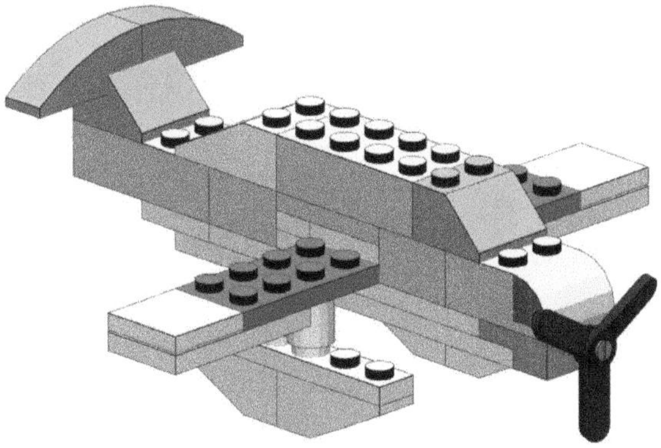

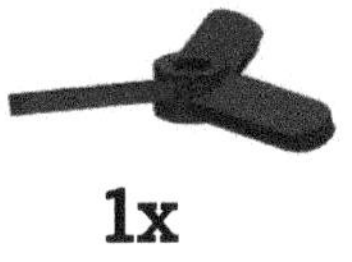

1x

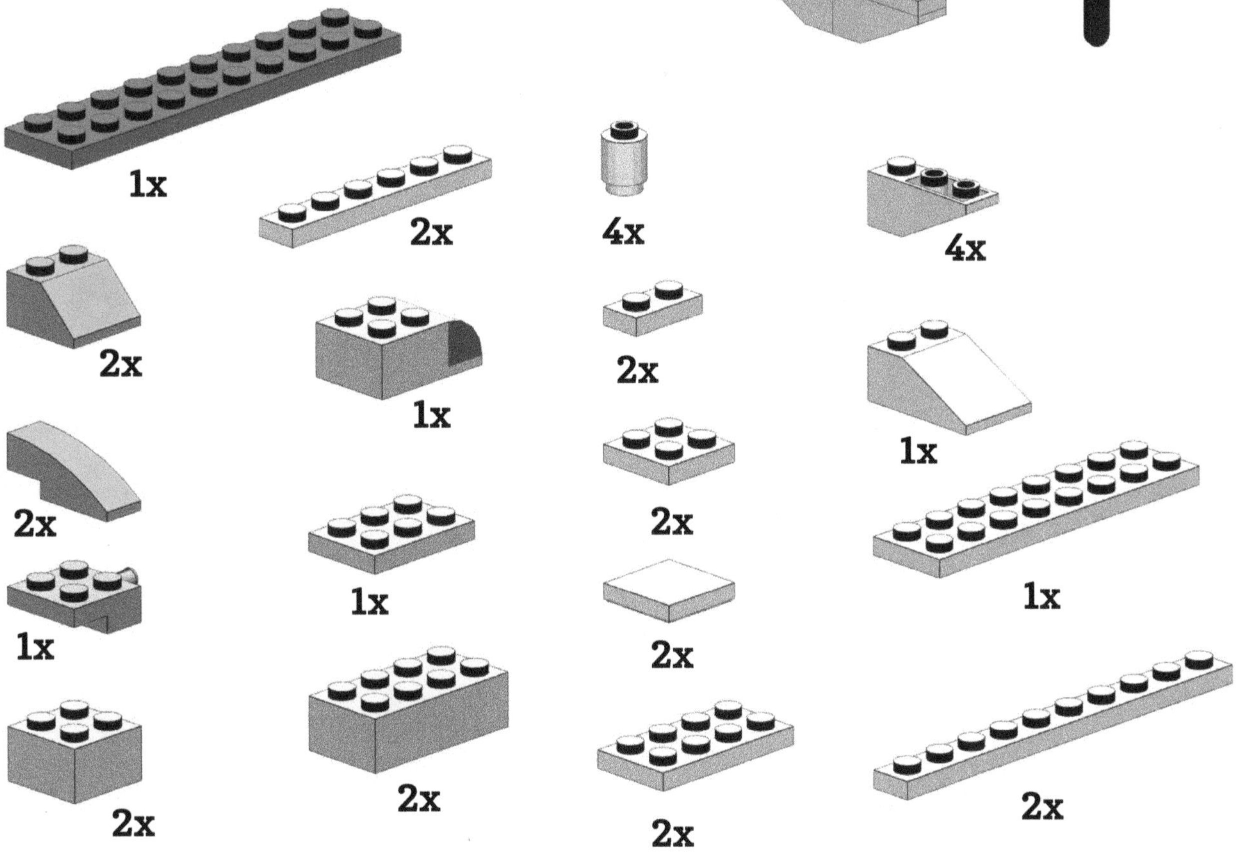

1x

2x

4x

4x

2x

1x

2x

1x

2x

1x

2x

1x

2x

1x

2x

2x

2x

2x

1

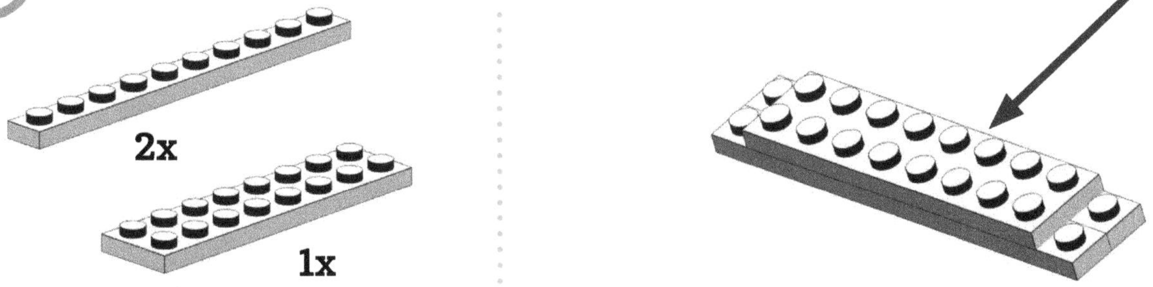

2x

1x

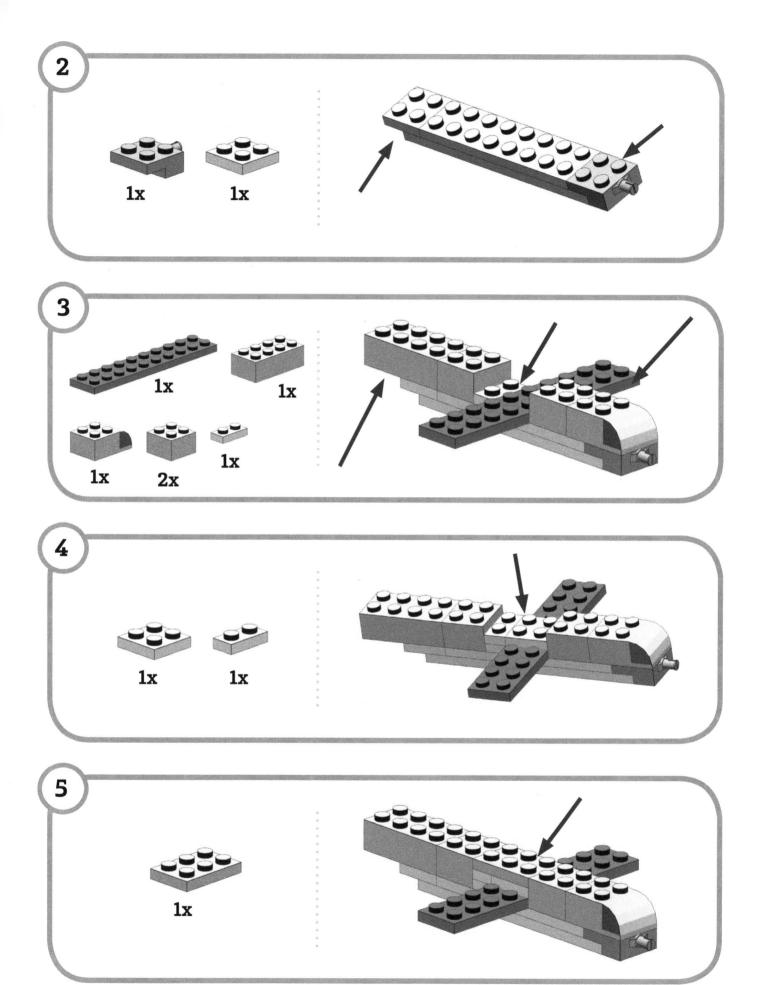

2

1x 1x

3

1x 1x

1x 2x 1x

4

1x 1x

5

1x

6

1x   2x

7

1x   2x

8

2x   2x

9

4x

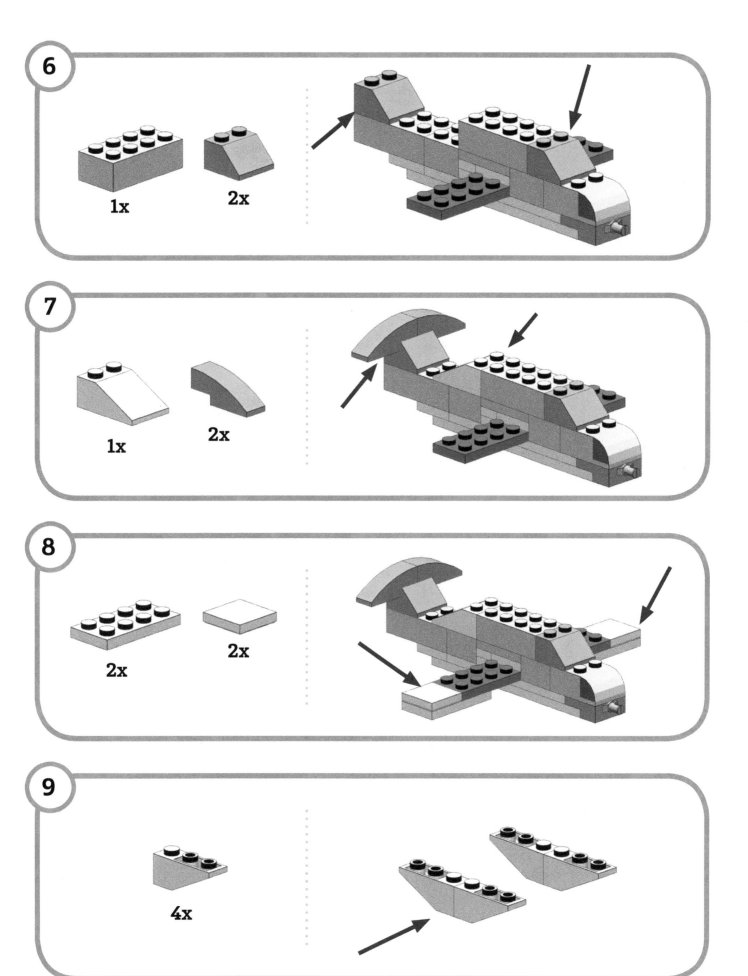

13

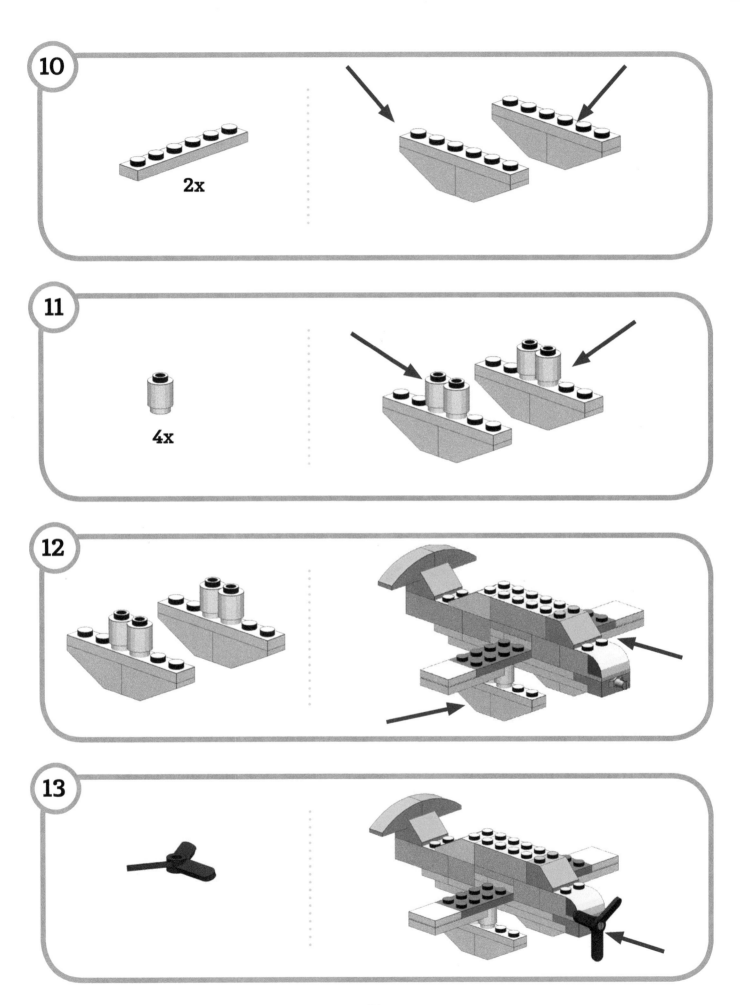

10

2x

11

4x

12

13

Build a Glider

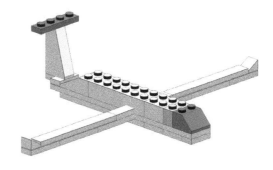

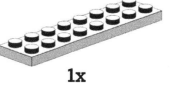

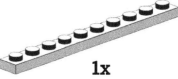

1x

1x

1x

1x

2x

2x

1x

1x

2x

2x

2x

1x

1x

1x

1x

2x

1x

2x

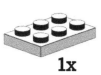

1

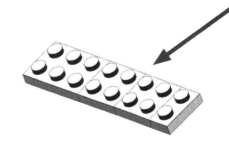

15

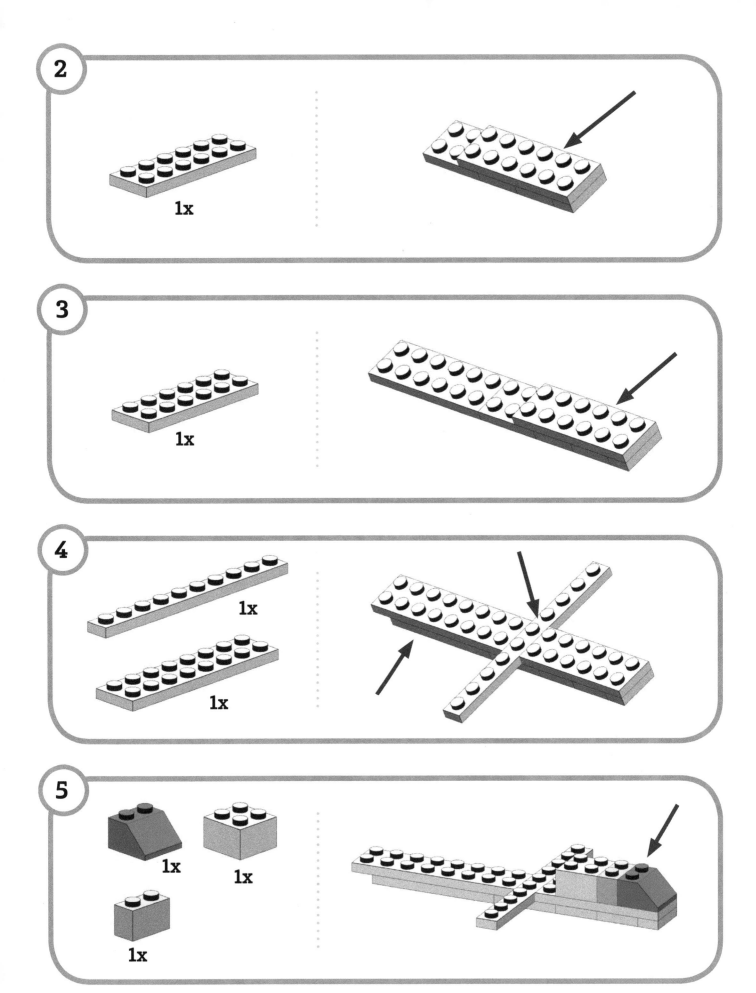

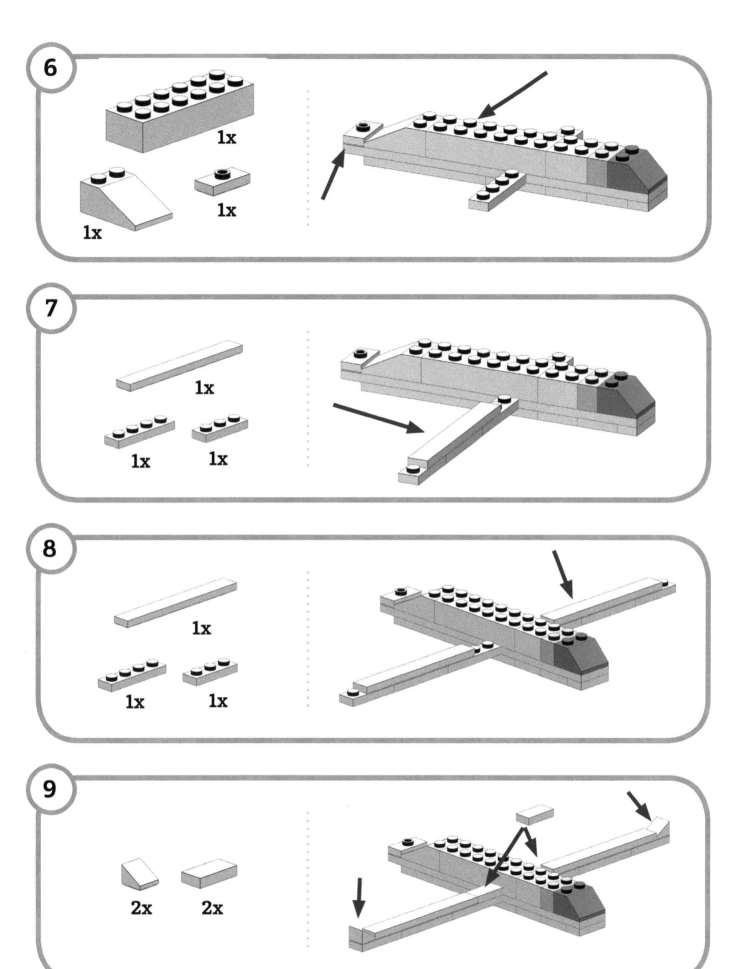

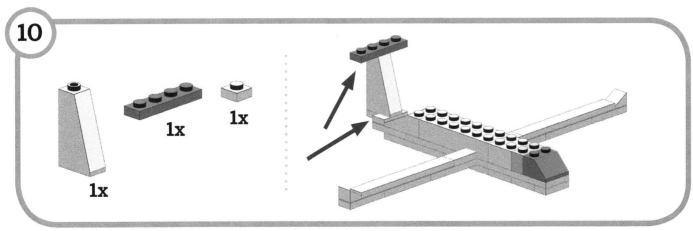

1x   1x

1x

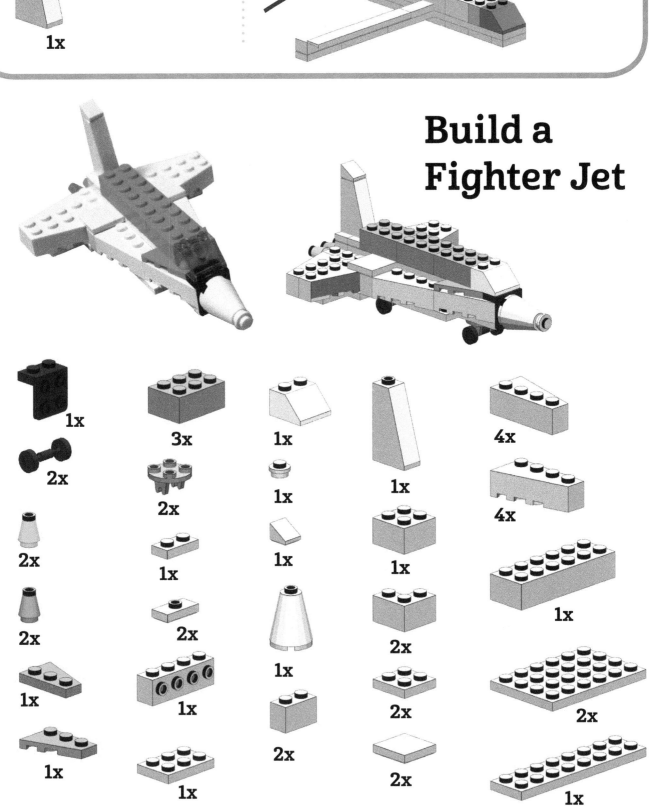

Build a Fighter Jet

1x

2x

2x

2x

1x

1x

1x

3x

2x

1x

2x

1x

1x

1x

2x

1x

1x

1x

1x

2x

1x

2x

4x

4x

1x

2x

1x

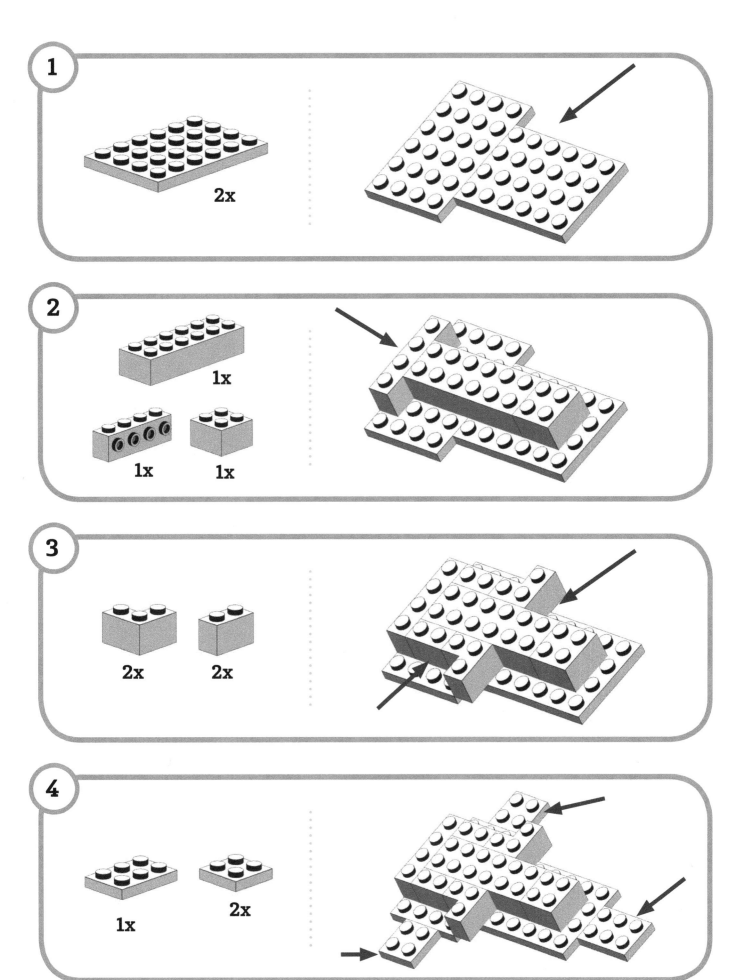

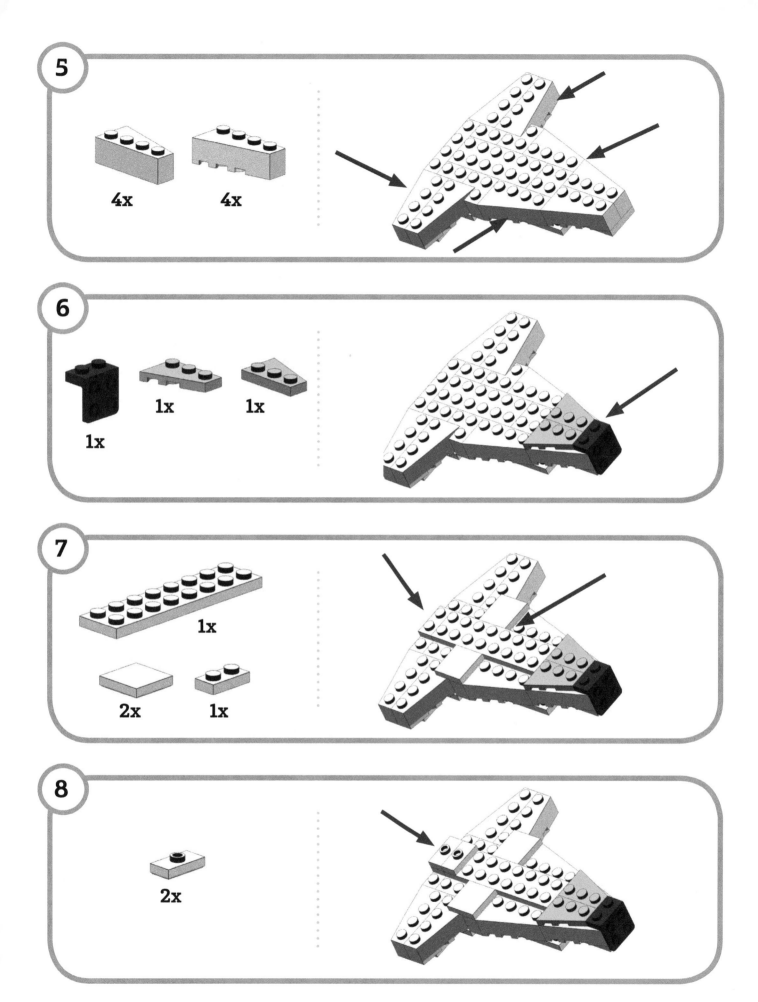

5

4x   4x

6

1x   1x

1x

7

1x

2x   1x

8

2x

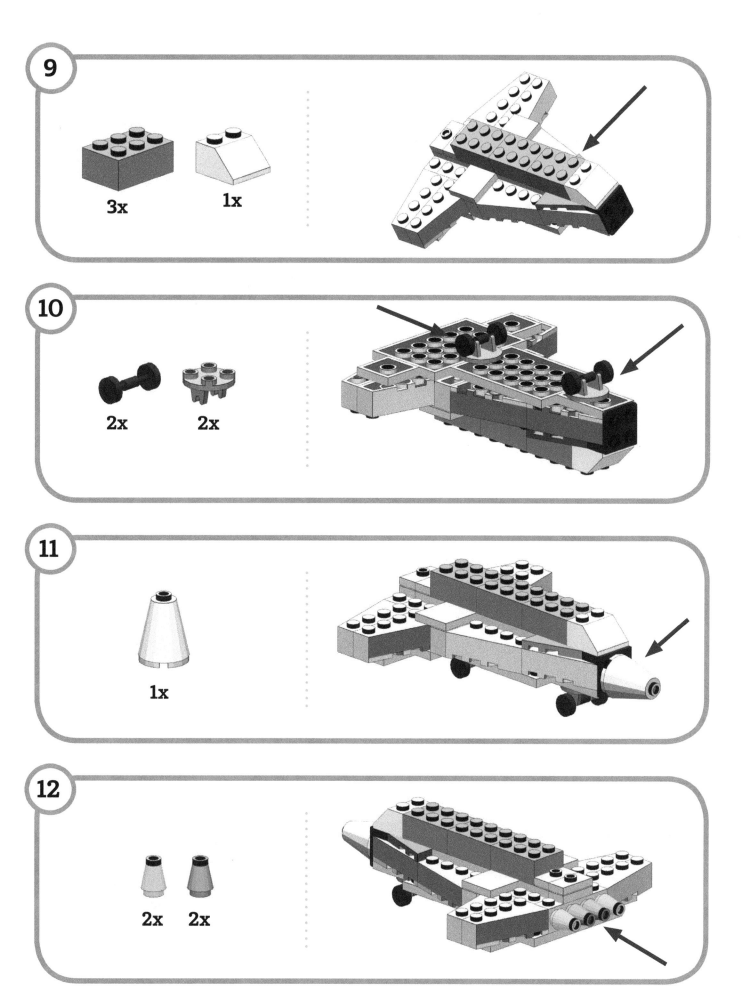

9

3x   1x

10

2x   2x

11

1x

12

2x   2x

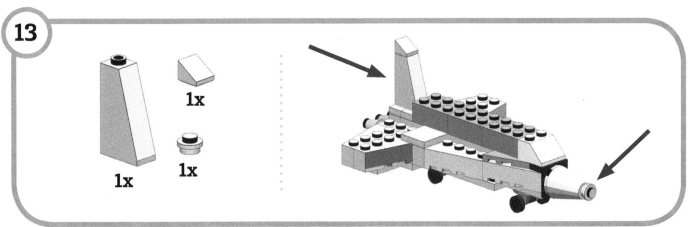

13

1x

1x

1x

Build a Blue Jet

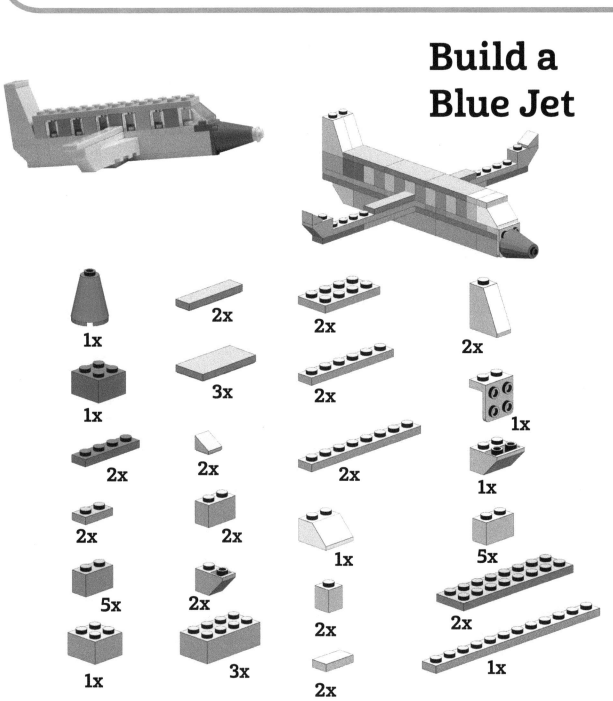

1x

2x

2x

2x

1x

3x

2x

2x

1x

2x

2x

2x

1x

1x

2x

2x

5x

5x

2x

1x

2x

1x

3x

2x

2x

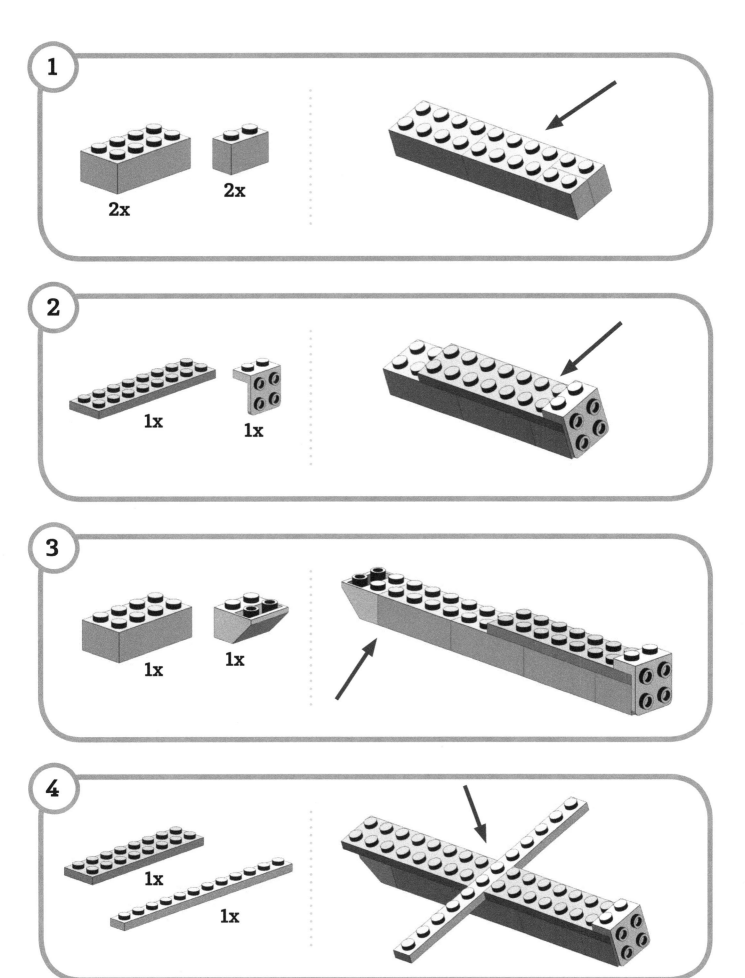

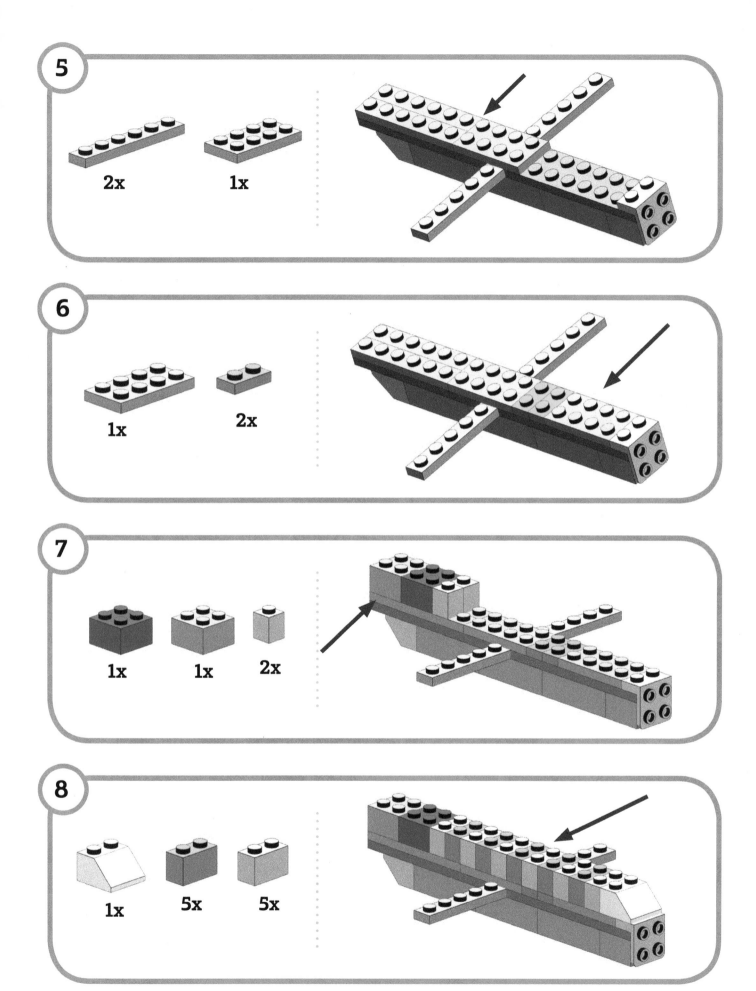

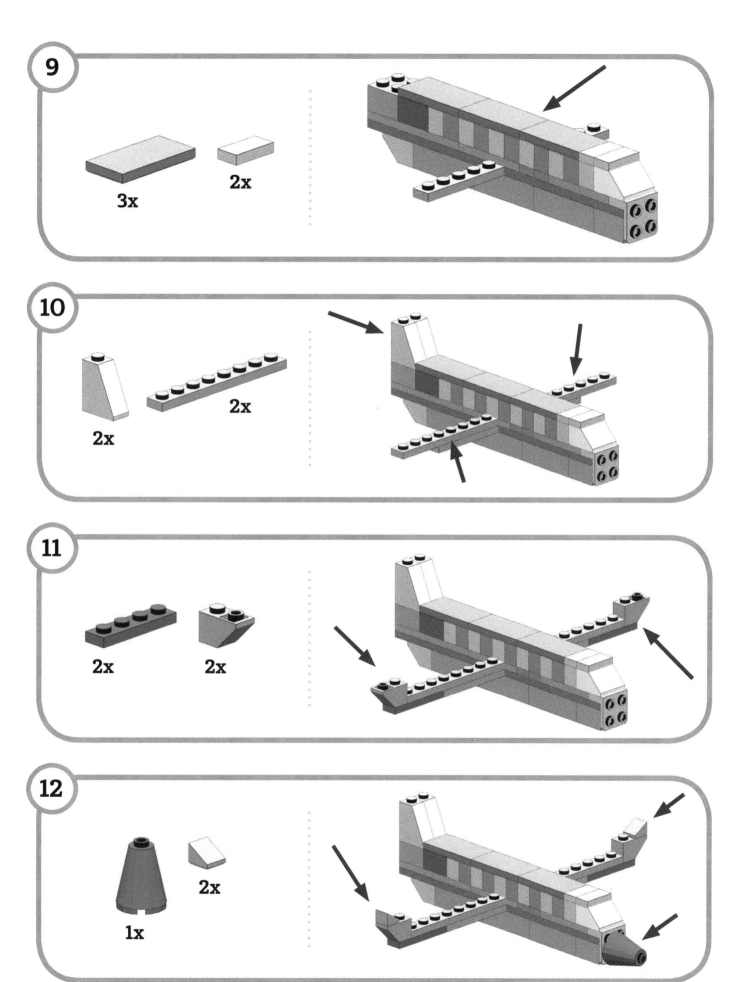

9

3x 2x

10

2x 2x

11

2x 2x

12

1x 2x

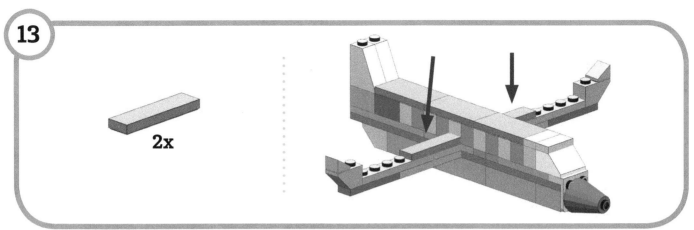

2x

Build a
White Plane

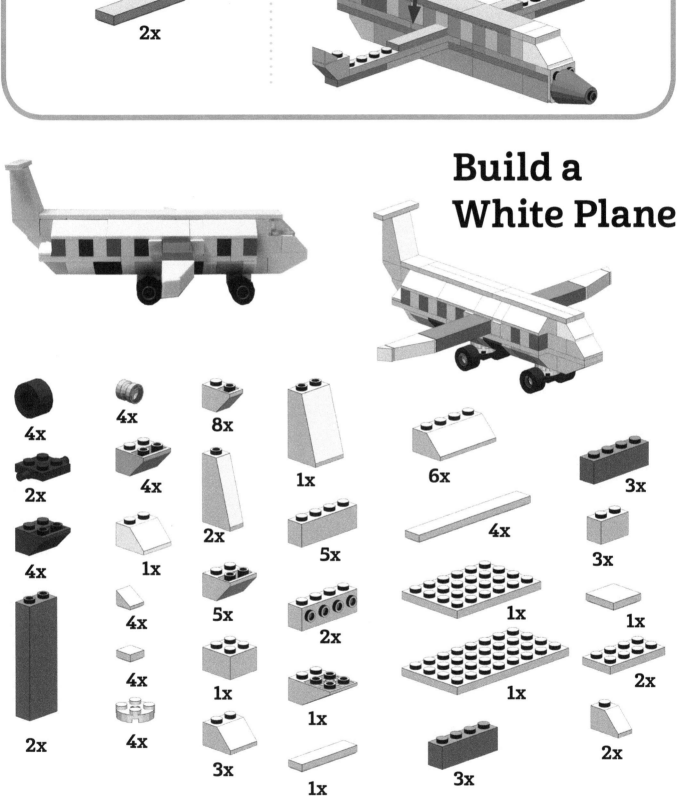

4x

4x

8x

2x

4x

1x

6x

3x

4x

1x

2x

5x

4x

4x

5x

2x

3x

1x

4x

1x

1x

1x

1x

2x

2x

4x

2x

3x

3x

1x

2x

1

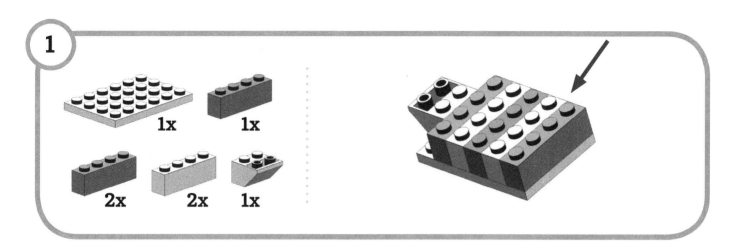

1x 1x 2x 2x 1x

2

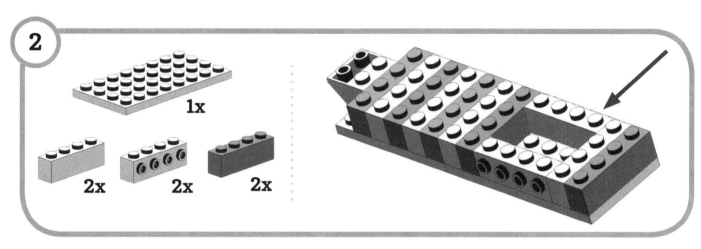

1x 2x 2x 2x

3

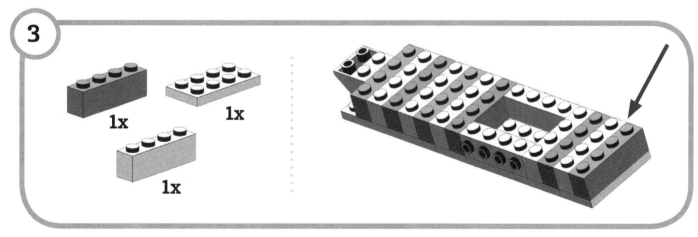

1x 1x 1x

4

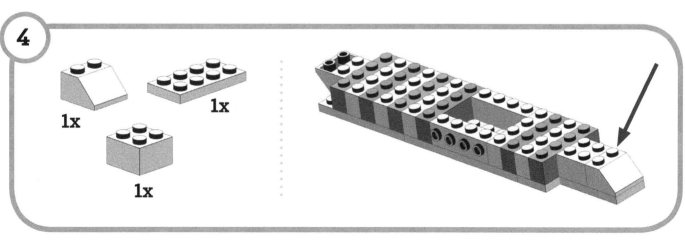

1x 1x 1x

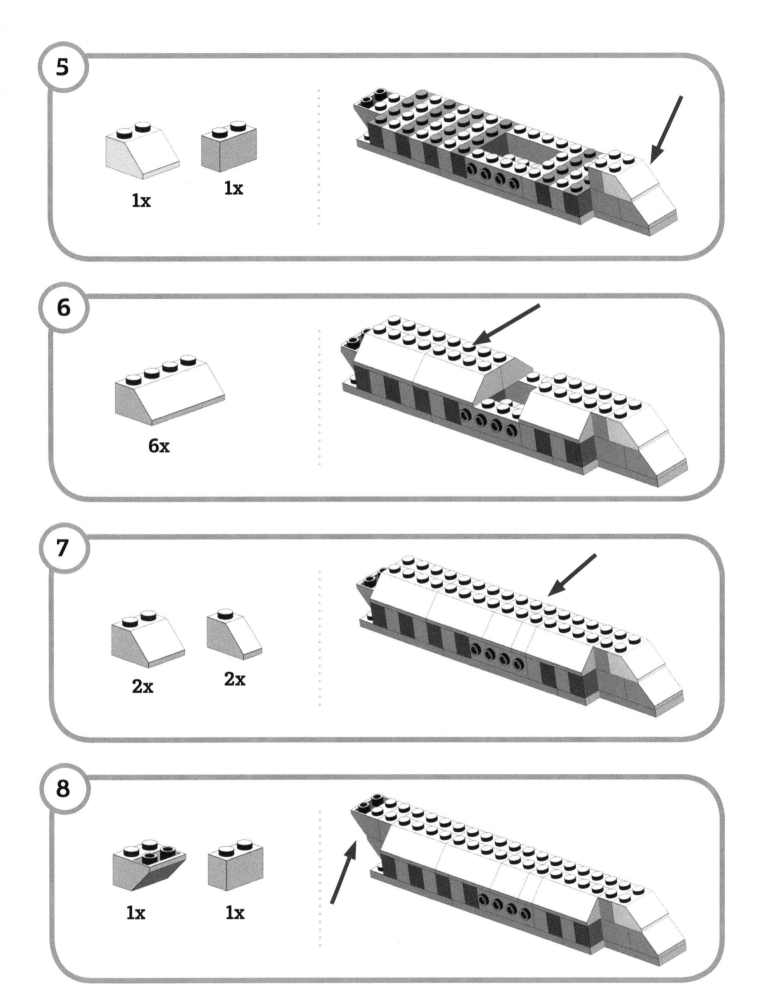

5

1x   1x

6

6x

7

2x   2x

8

1x   1x

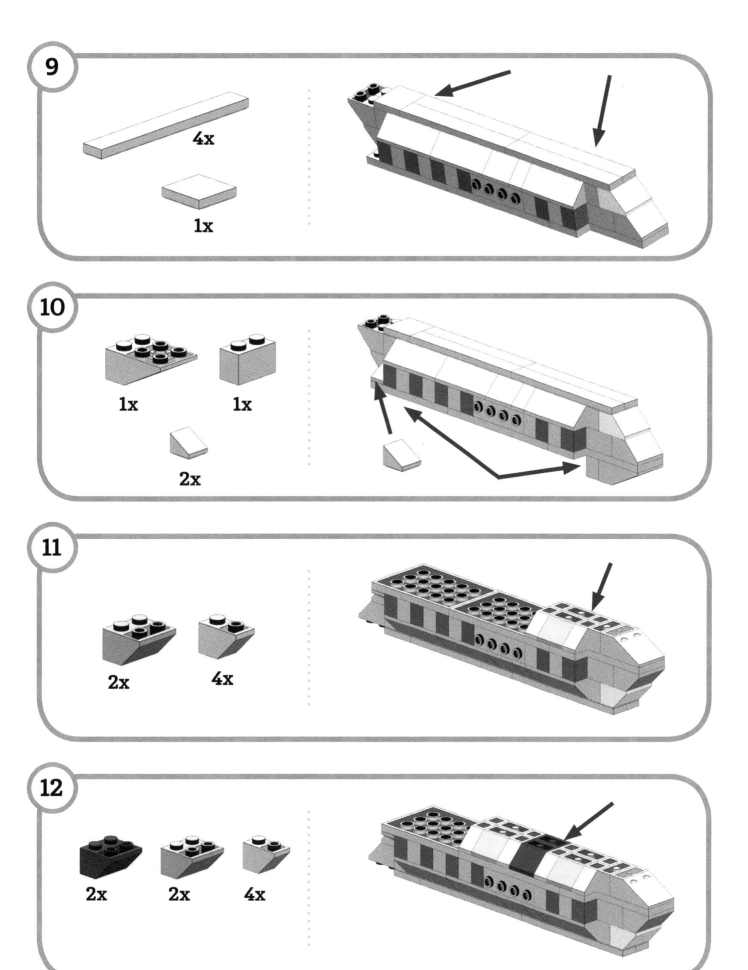

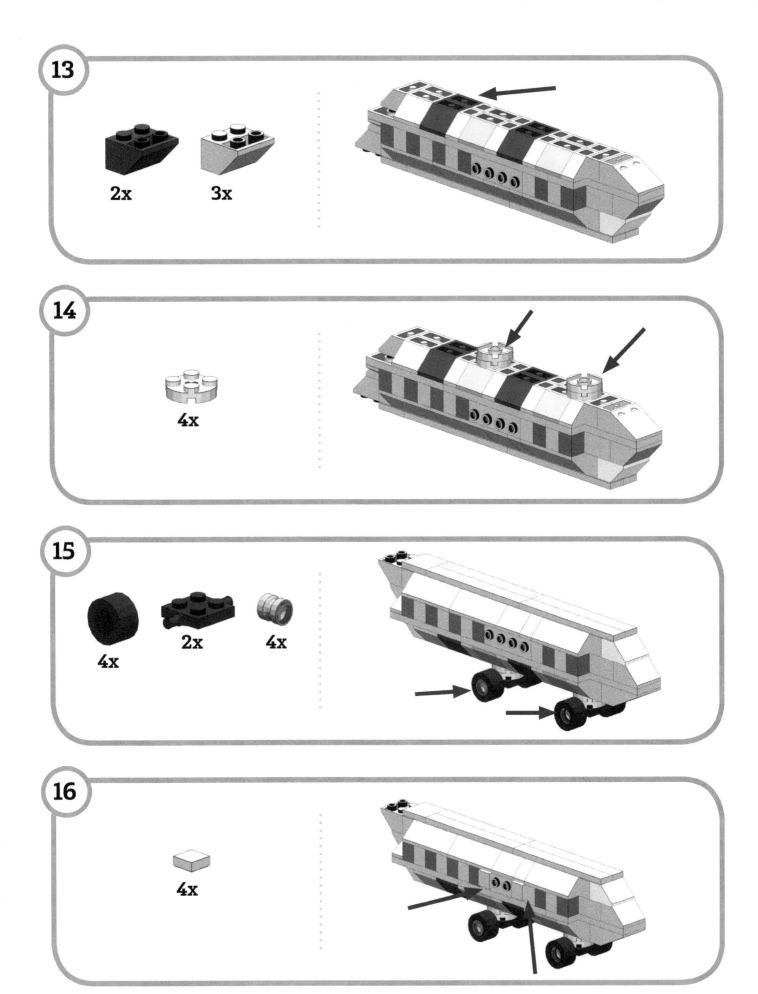

13

2x   3x

14

4x

15

4x   2x   4x

16

4x

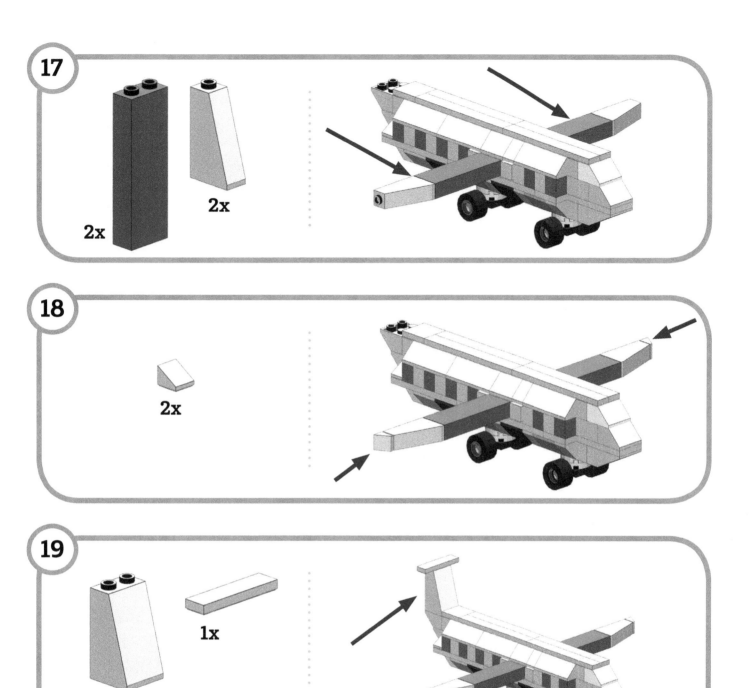

17

2x

2x

18

2x

19

1x

1x

Ready for Liftoff

Orange Glider

Purple Glider

Rocket

Helicopter

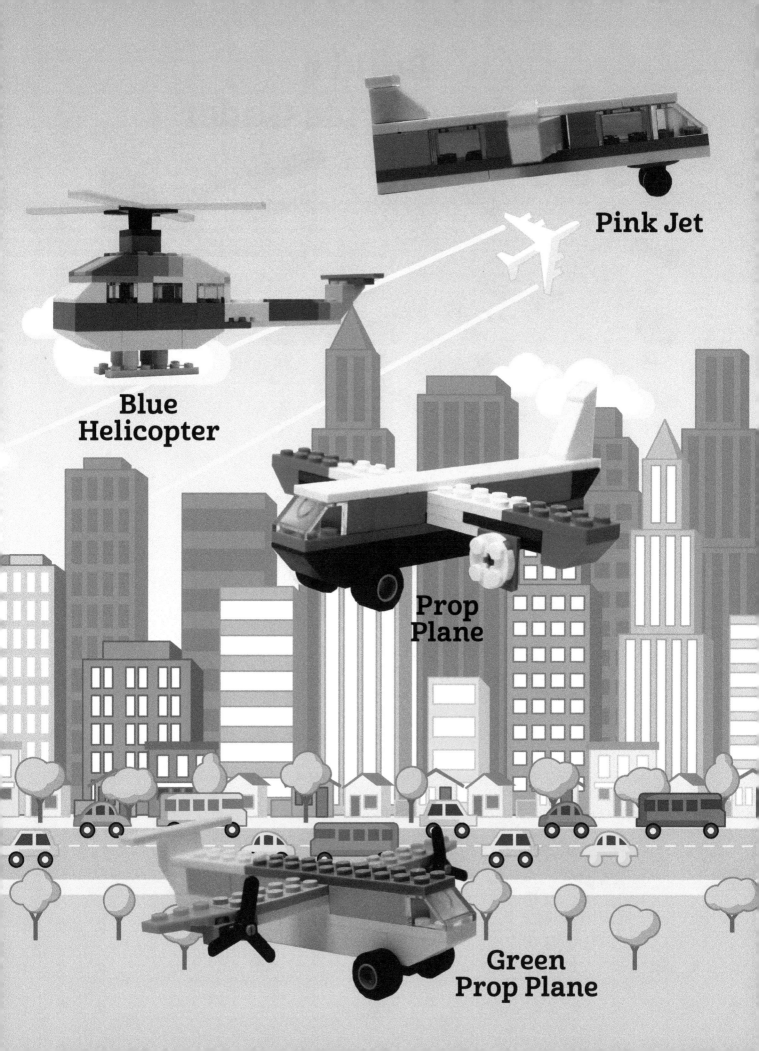

Pink Jet

Blue Helicopter

Prop Plane

Green Prop Plane

Build a Purple Glider

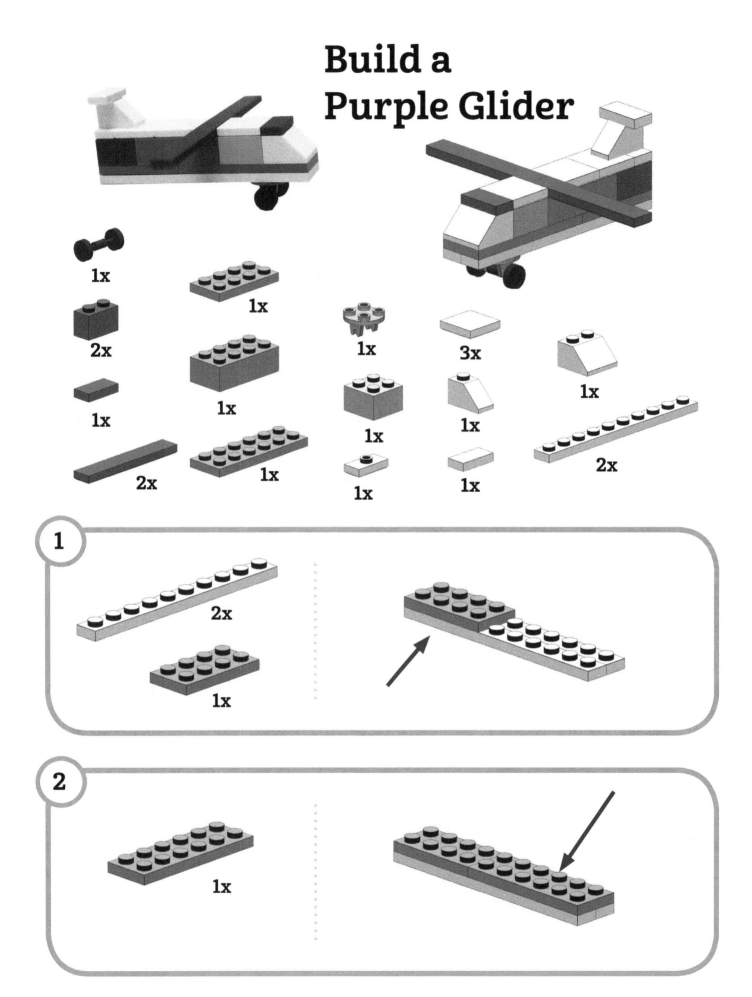

1x

2x

1x

1x

2x

1x

1x

1x

3x

1x

1x

1x

1x

2x

1

2x

1x

2

1x

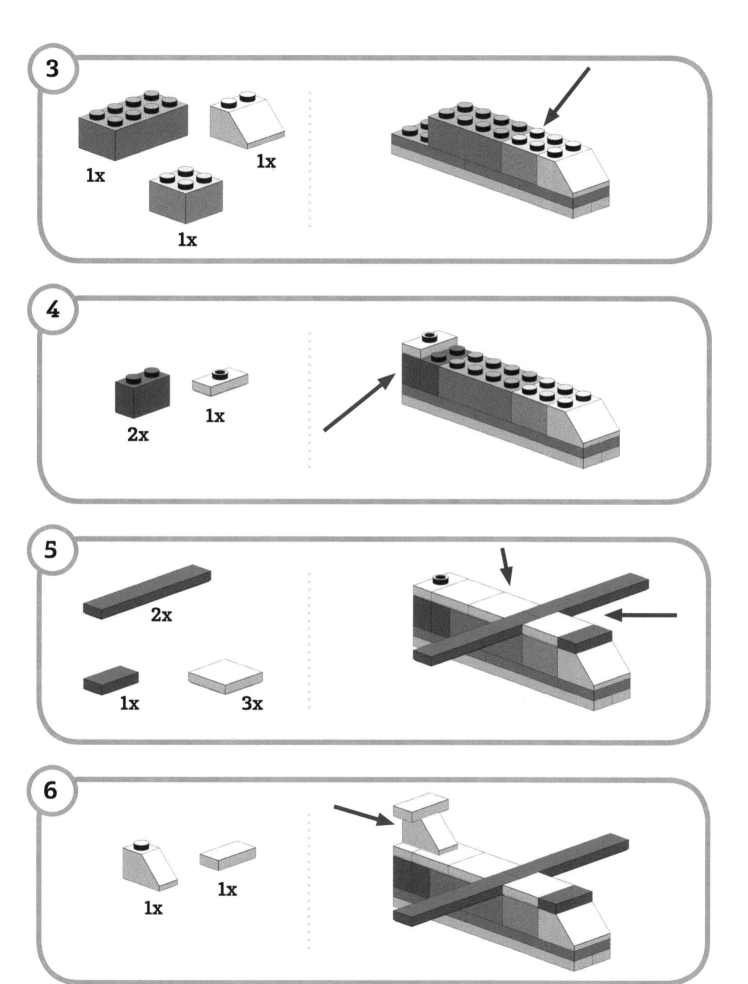

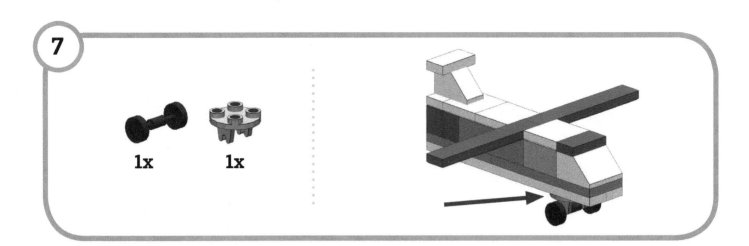

1x   1x

Build a Blue Helicopter

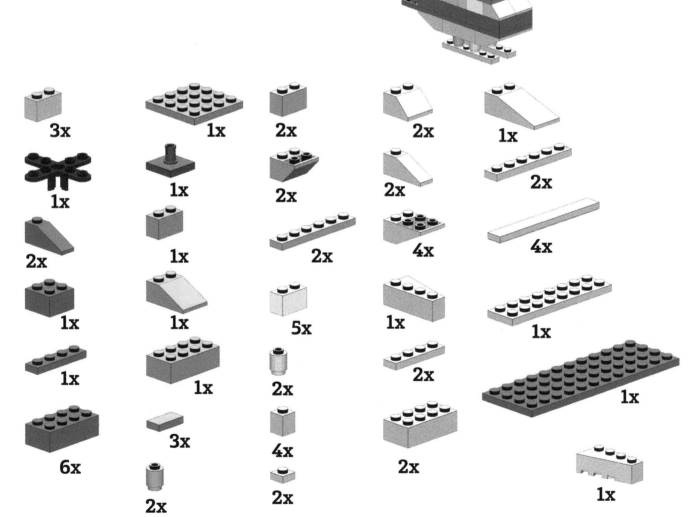

3x   1x   2x   2x   1x

1x   1x   2x   2x   2x

2x   1x   2x   4x   4x

1x   1x   5x   1x   1x

1x   1x   2x   2x   1x

6x   3x   4x   2x

2x   2x   1x

1

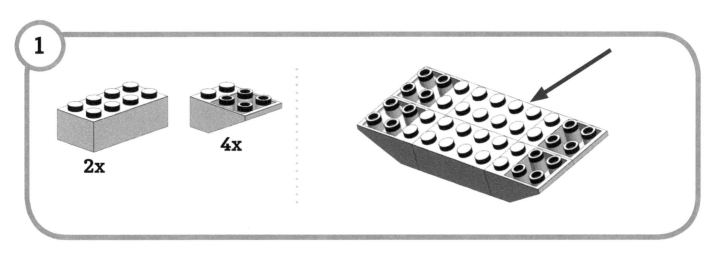

2x   4x

2

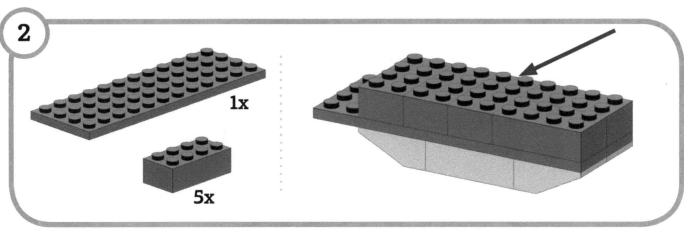

1x   5x

3

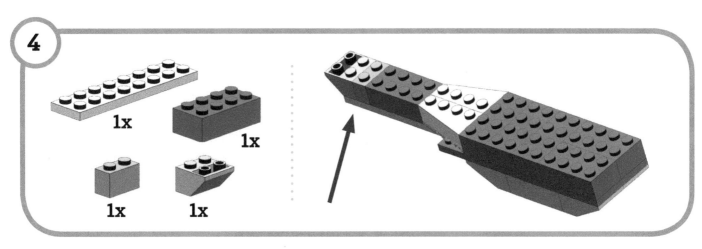

1x   1x

4

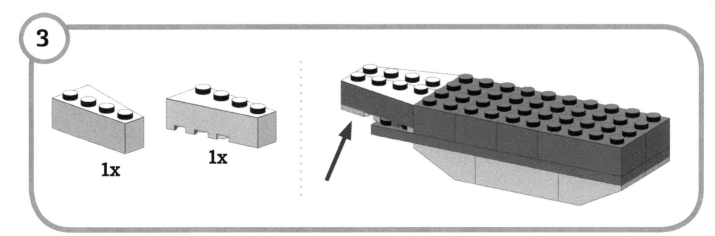

1x   1x   1x   1x

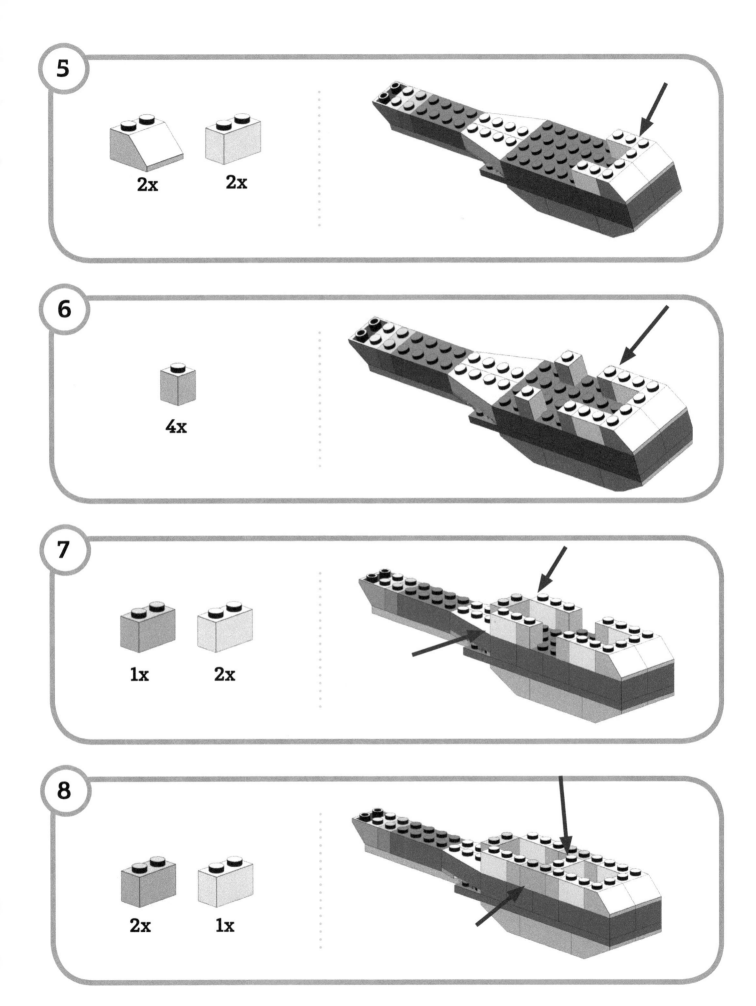

5

2x   2x

6

4x

7

1x   2x

8

2x   1x

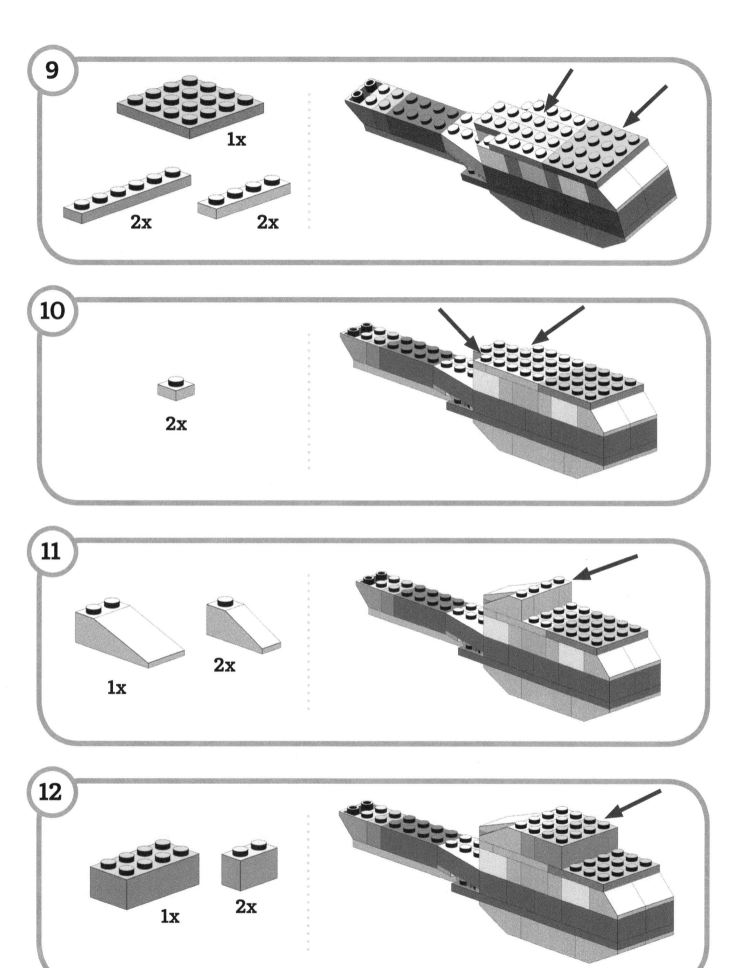

9   1x   2x   2x

10   2x

11   1x   2x

12   1x   2x

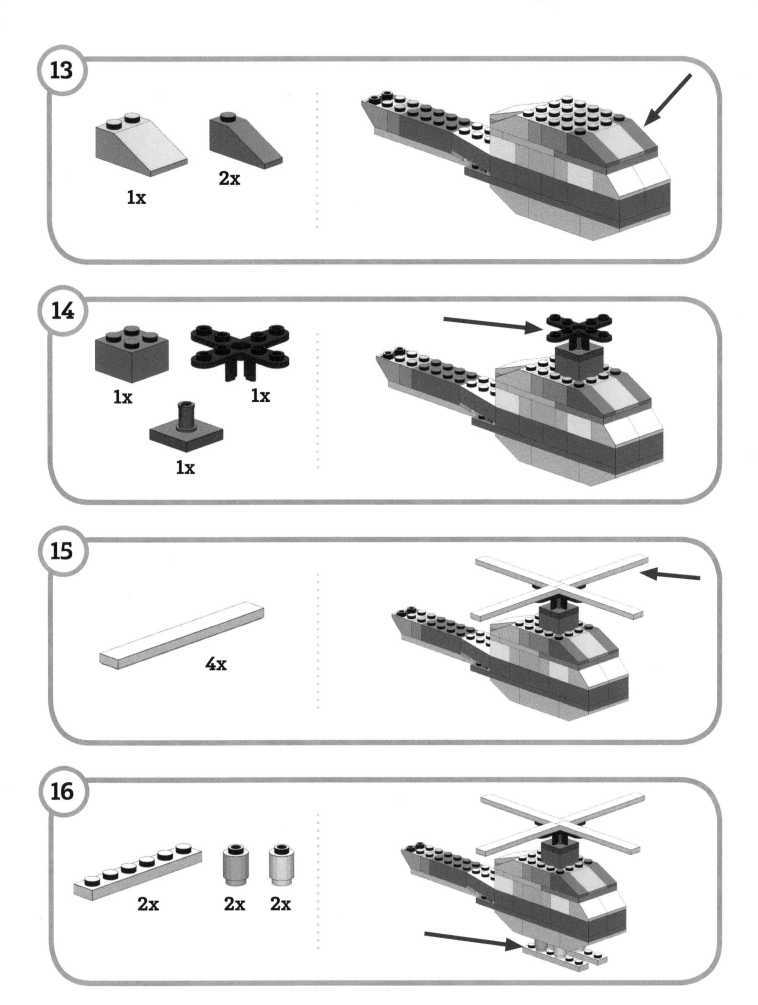

13

1x   2x

14

1x   1x

1x

15

4x

16

2x   2x   2x

40

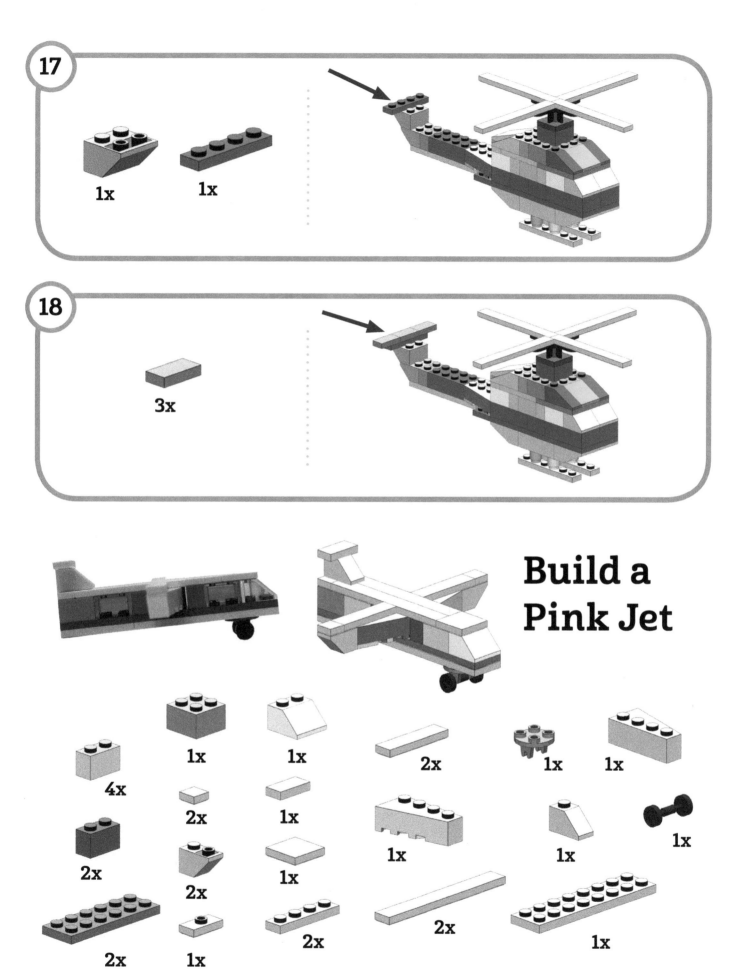

17

1x   1x

18

3x

Build a Pink Jet

1x   1x   2x   1x   1x

4x

2x   1x

2x

2x   1x   1x   1x

2x   2x

2x   1x   2x   2x   1x

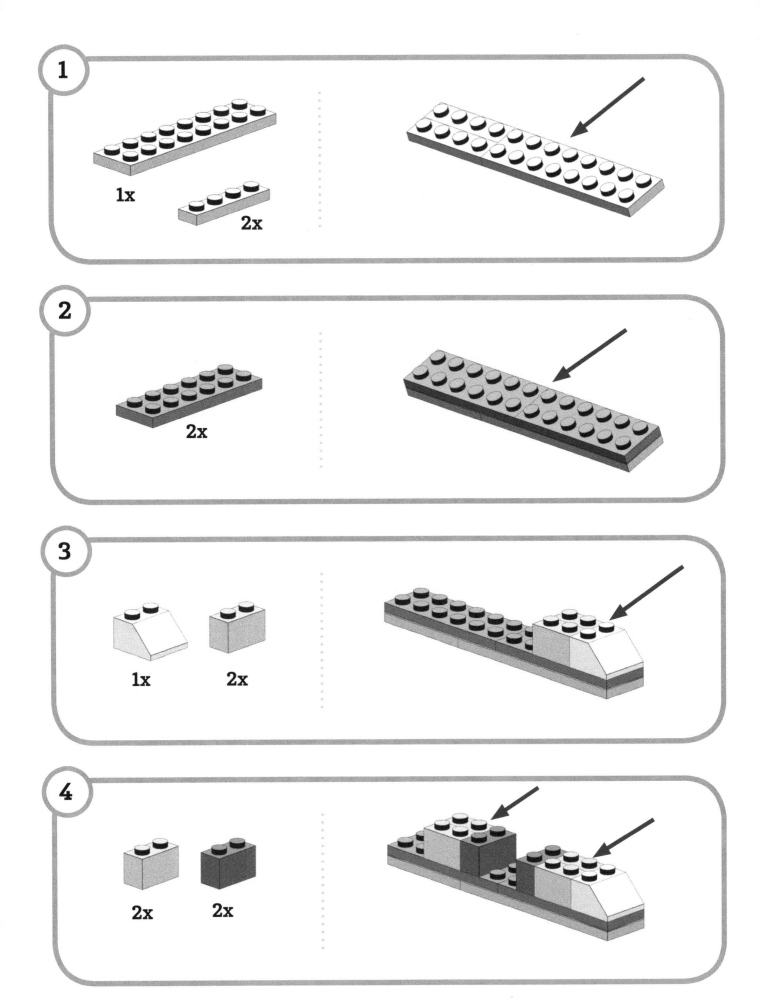

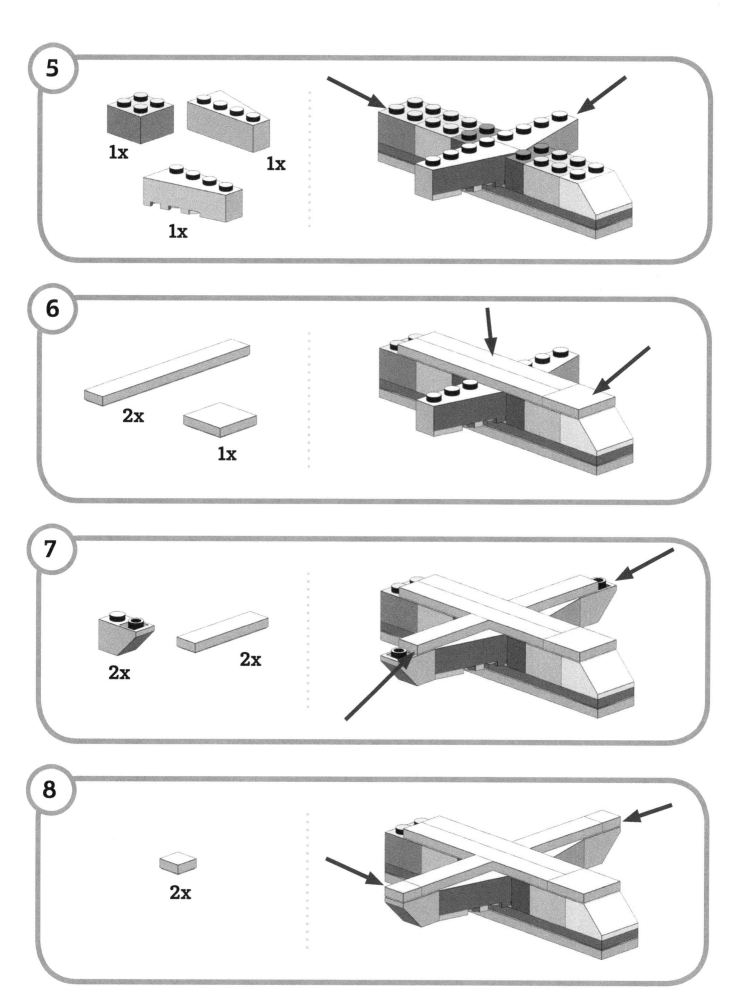

5

1x

1x

1x

6

2x

1x

7

2x

2x

8

2x

43

9

1x 1x

10

1x

11

1x 1x

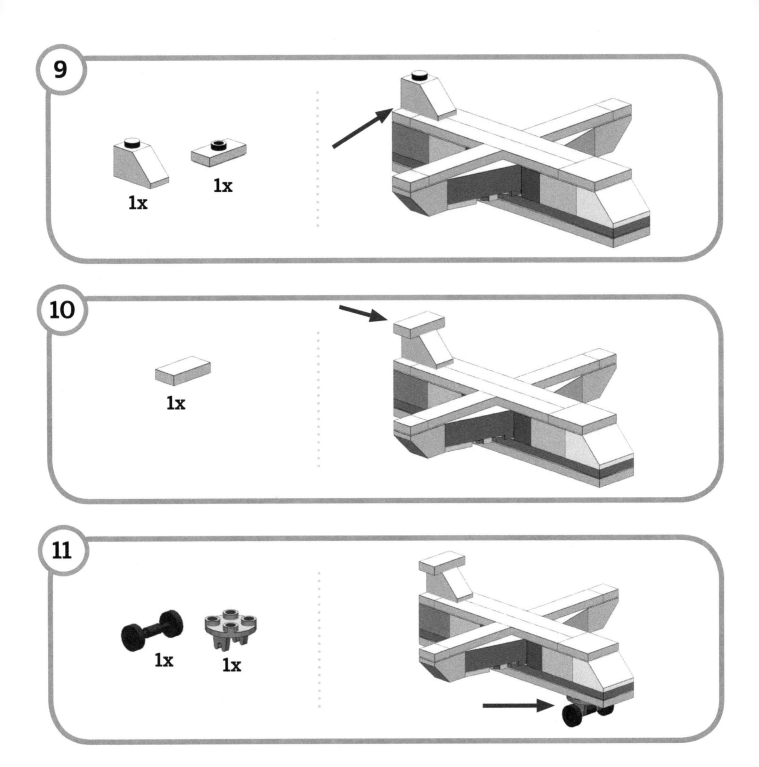

Build a Green Prop Plane

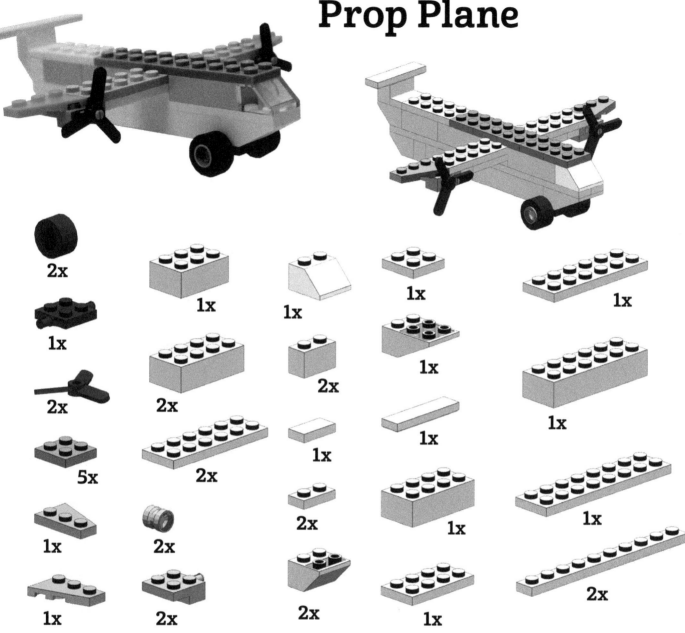

2x

1x

1x

1x

1x

1x

2x

2x

2x

1x

1x

5x

2x

1x

2x

1x

1x

2x

1x

2x

1x

1x

1x

2x

2x

1x

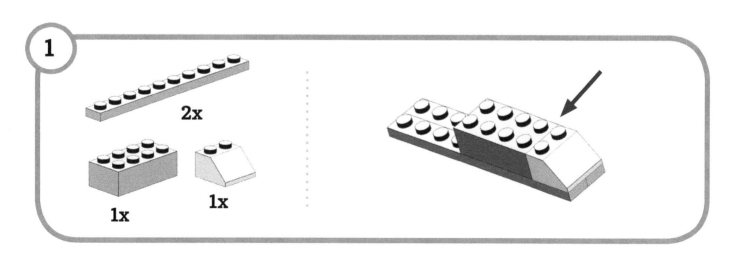

1

2x

1x

1x

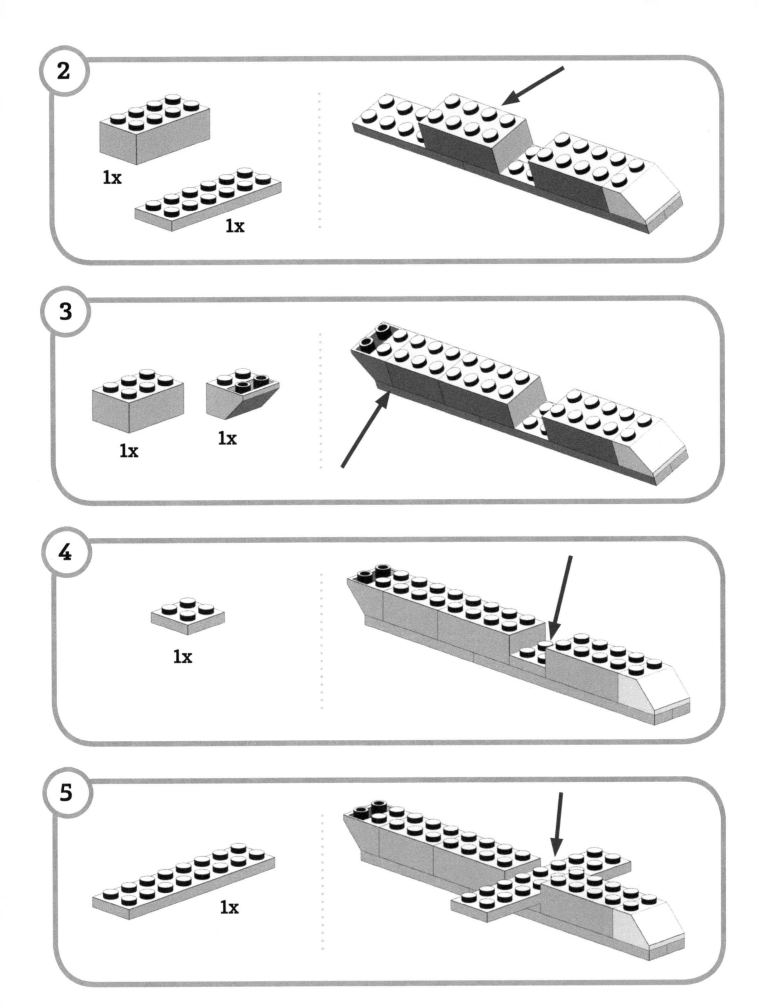

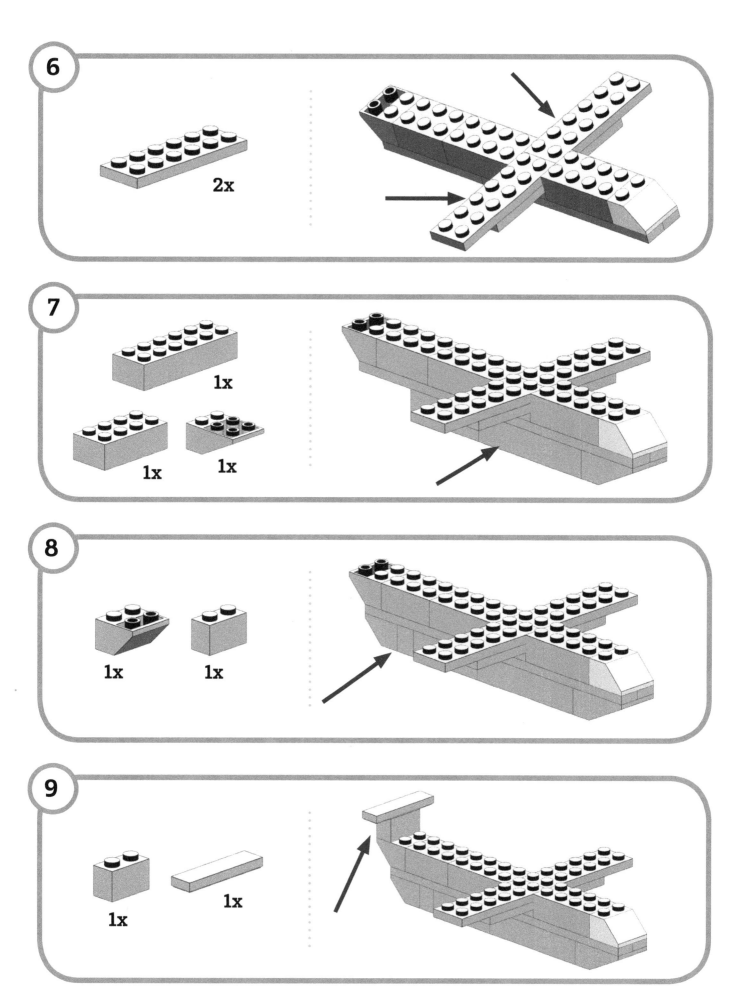

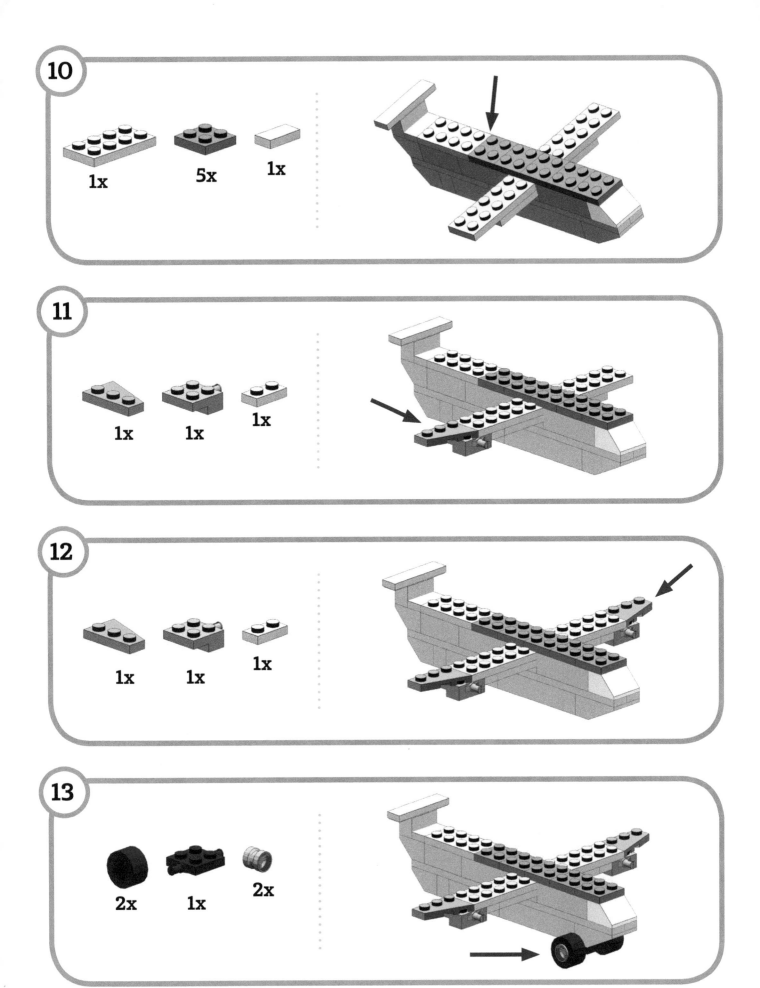

10

1x   5x   1x

11

1x   1x   1x

12

1x   1x   1x

13

2x   1x   2x

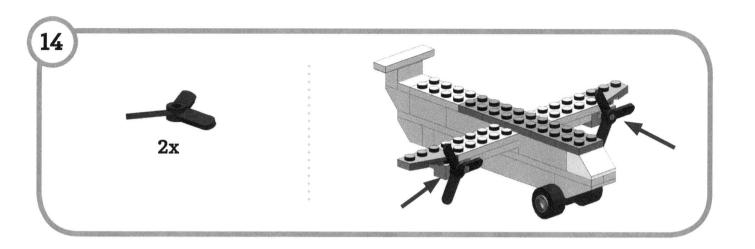

2x

Build a Rocket

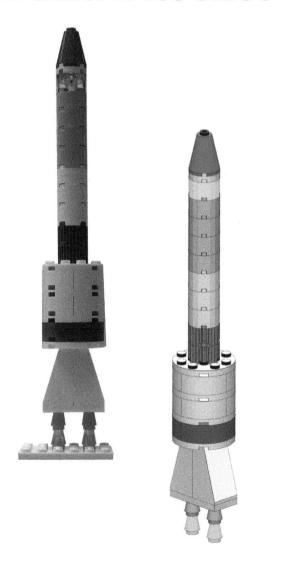

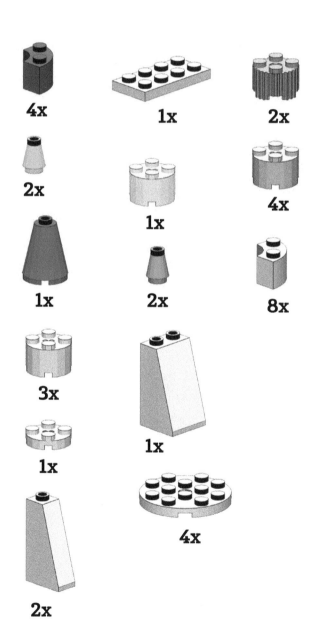

4x

1x

2x

2x

1x

4x

1x

2x

8x

3x

1x

1x

1x

2x

4x

1

1x   1x   2x

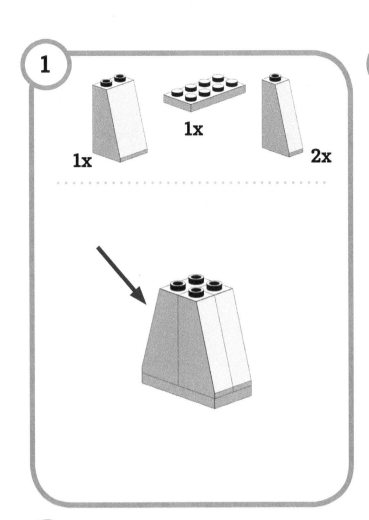

2

1x

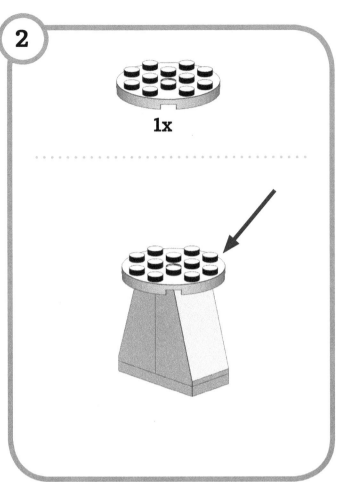

3

4x

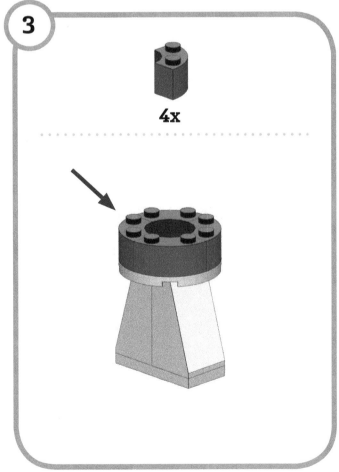

4

1x

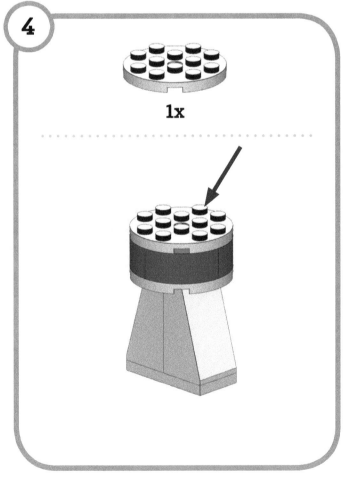

5

4x   **1x**

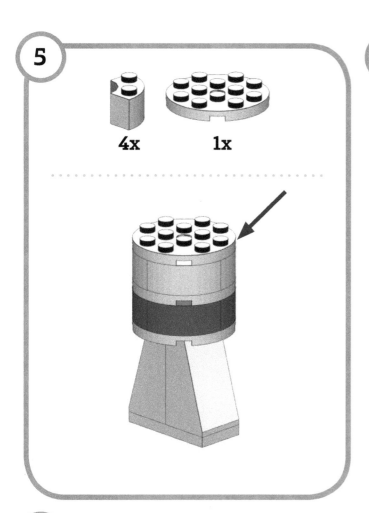

6

4x   **1x**

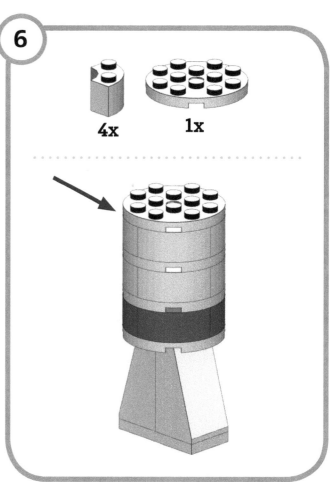

7

3x   **2x**

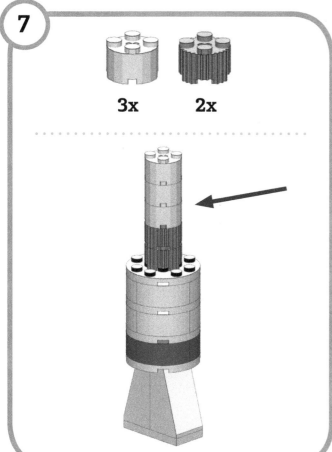

8

1x   **4x**

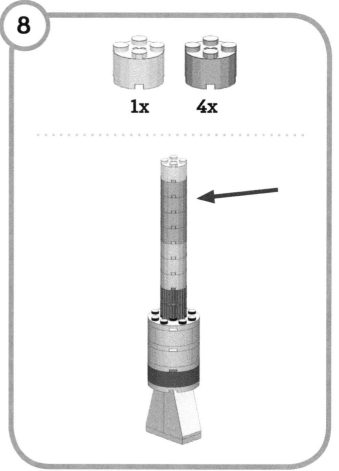

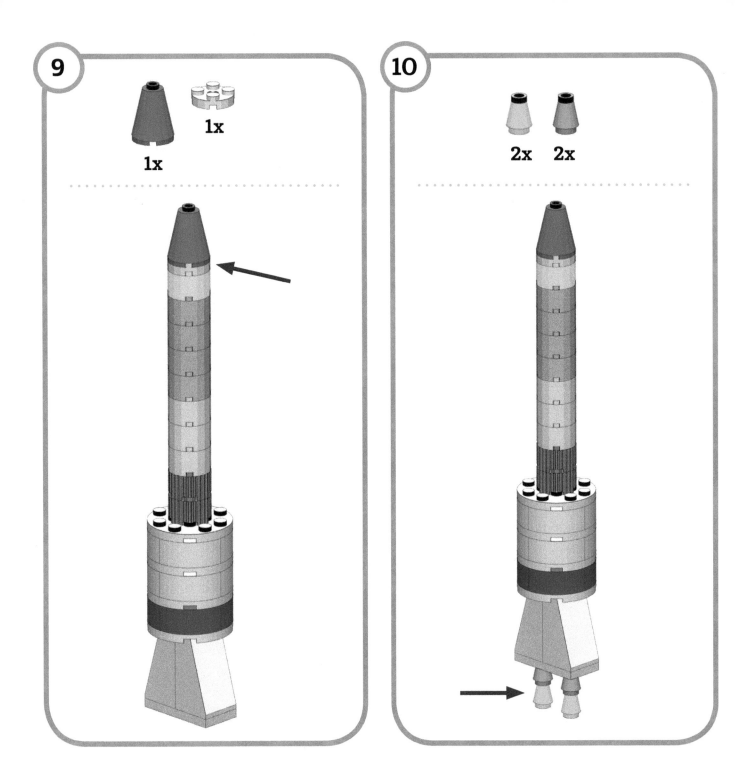

Build a Helicopter

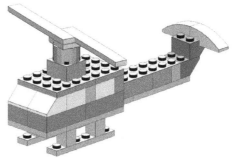

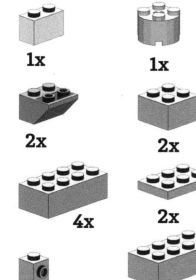

1x

1x

2x

6x

4x

2x

2x

1x

2x

1x

4x

2x

4x

1x

2x

2x

1x

1x

2x

1x

1x

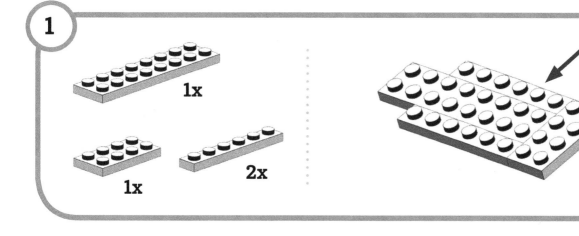

1

1x

1x

2x

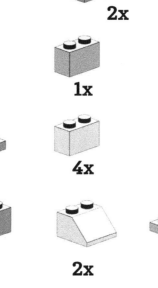

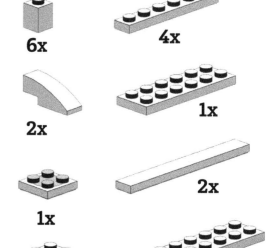

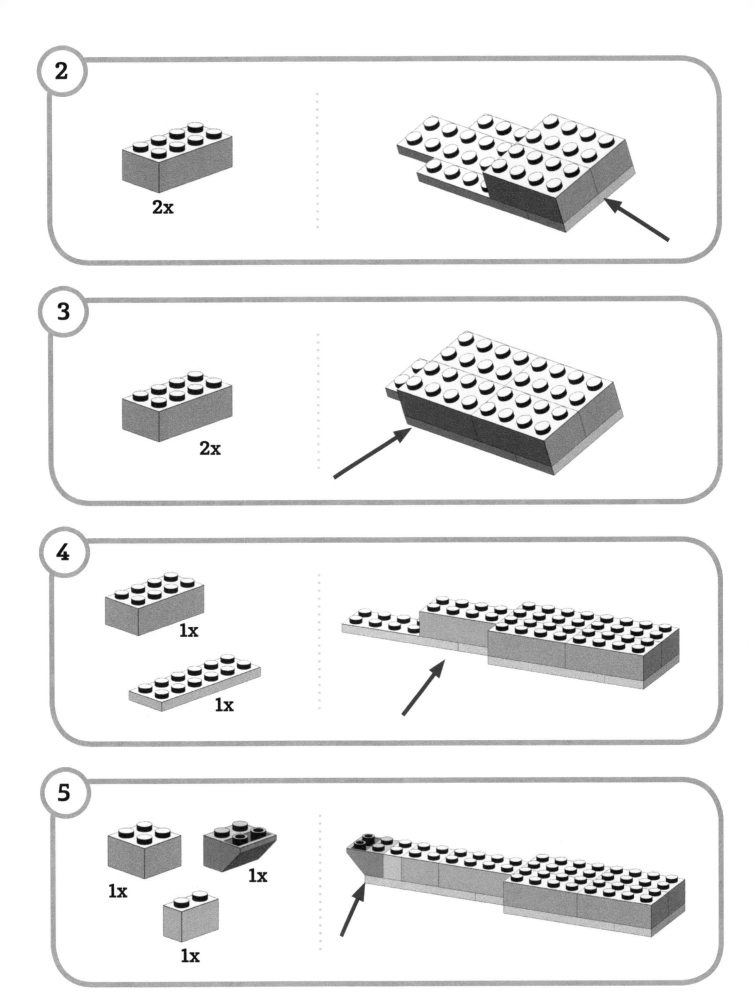

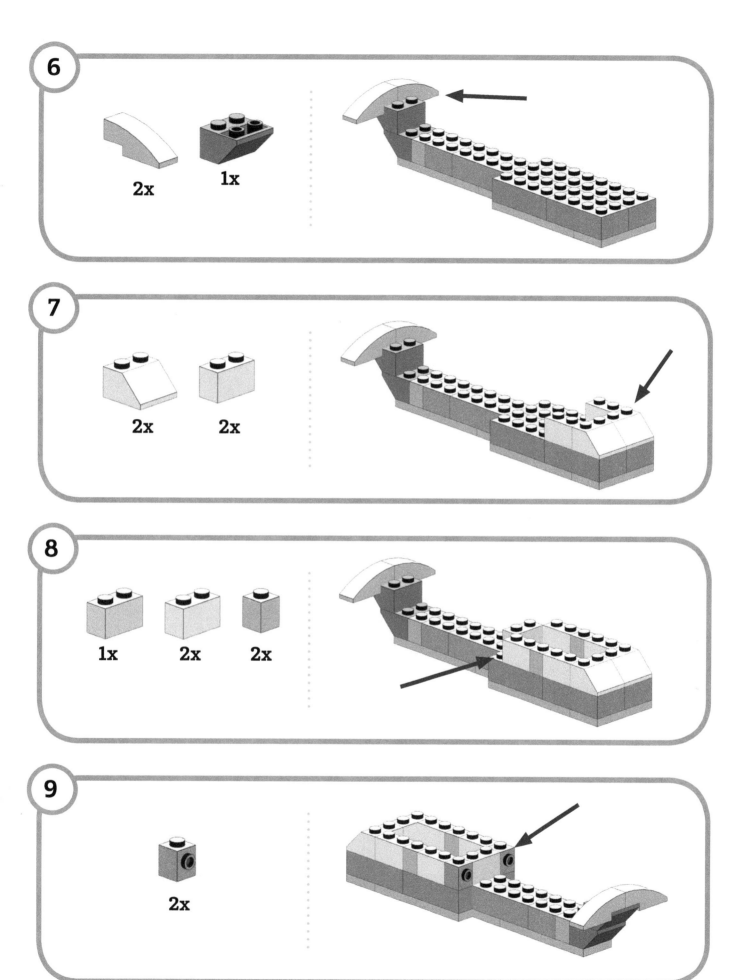

6

2x   1x

7

2x   2x

8

1x   2x   2x

9

2x

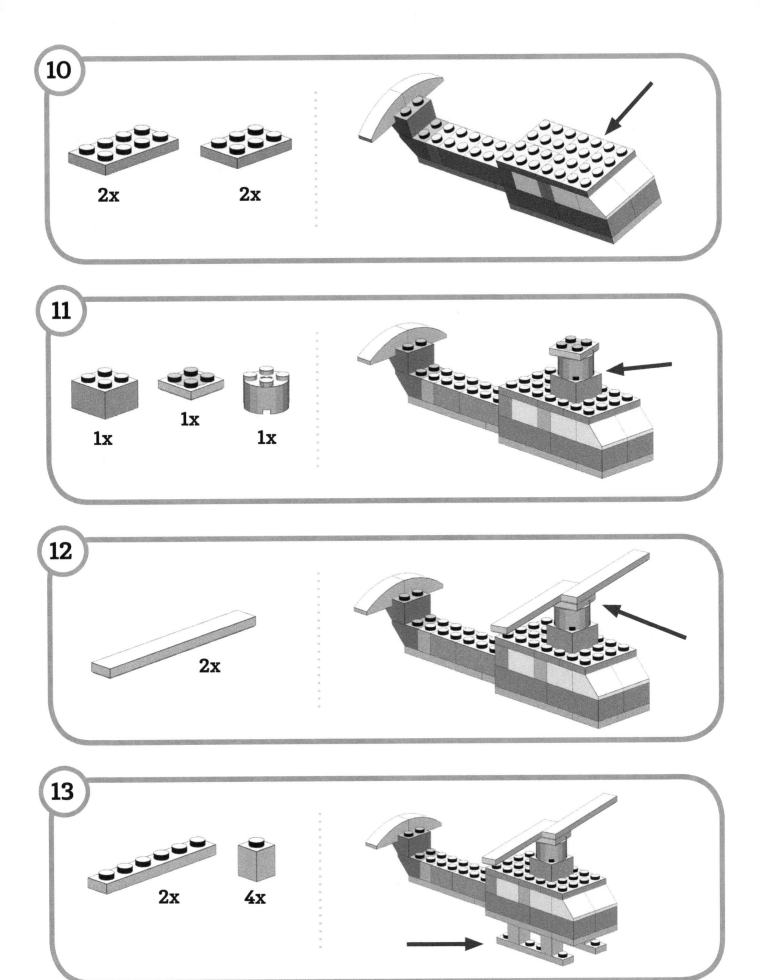

10

2x   2x

11

1x   1x   1x

12

2x

13

2x   4x

Build an Orange Glider

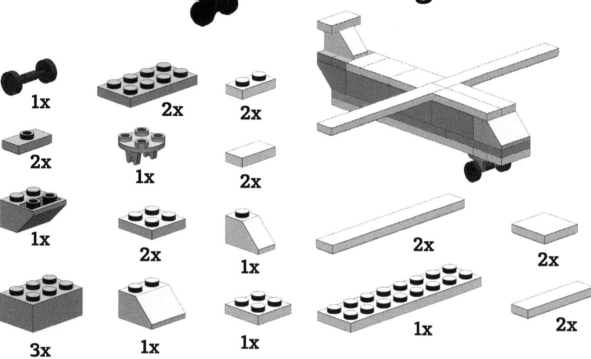

1x

2x

2x

2x

1x

2x

1x

2x

1x

1x

2x

2x

3x

1x

1x

1x

2x

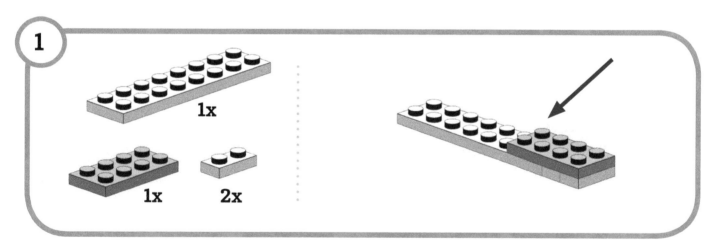

1

1x

1x

2x

2

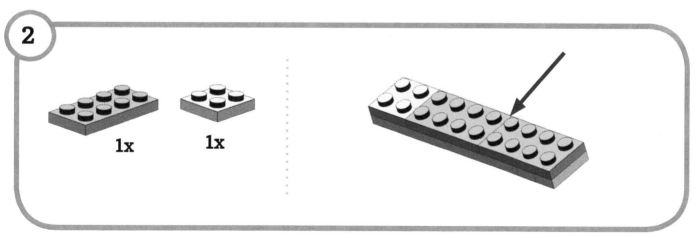

1x

1x

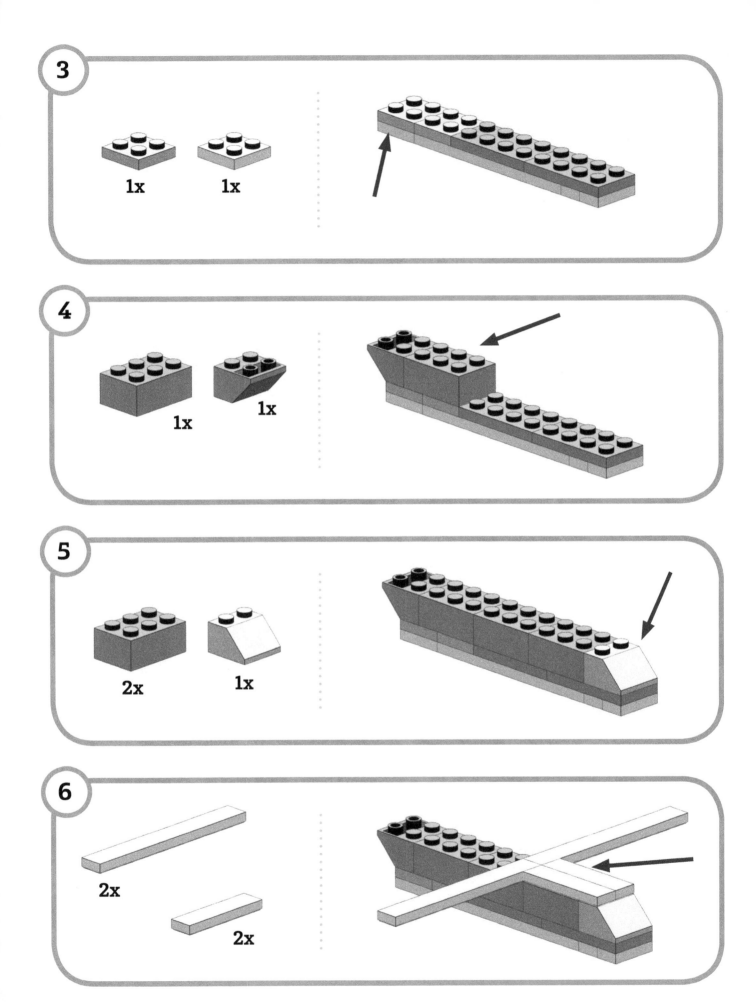

3

1x 1x

4

1x 1x

5

2x 1x

6

2x

2x

7

2x 2x 1x

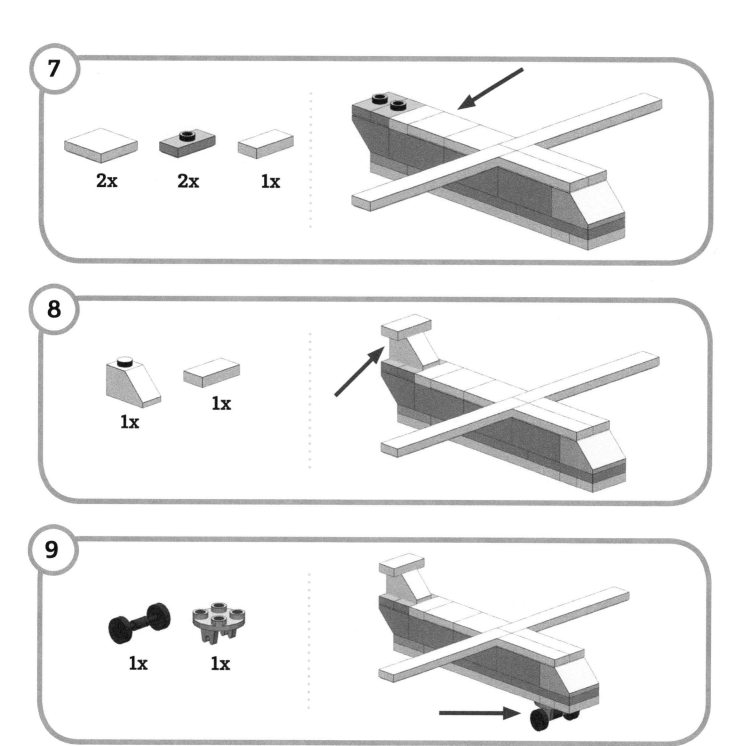

8

1x 1x

9

1x 1x

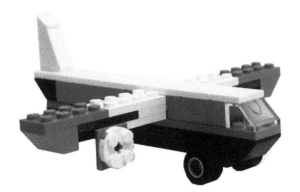

Build a Prop Plane

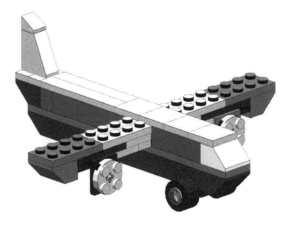

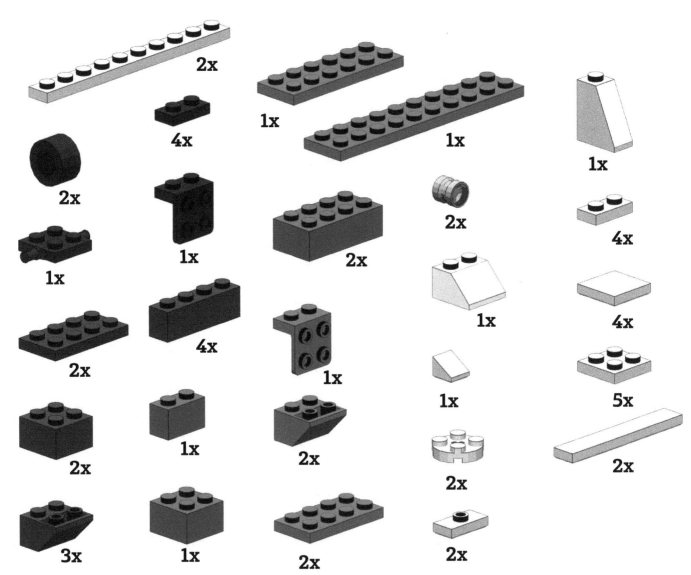

2x

4x

1x

2x

1x

1x

2x

1x

2x

1x

1x

4x

2x

4x

1x

2x

1x

2x

1x

2x

5x

2x

2x

3x

1x

2x

2x

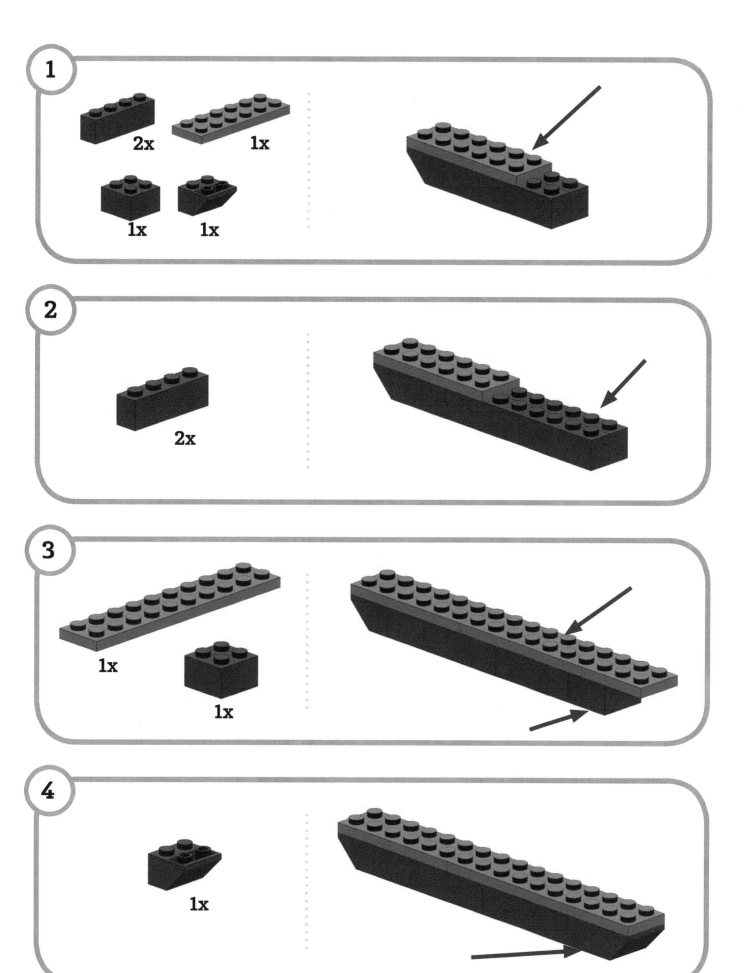

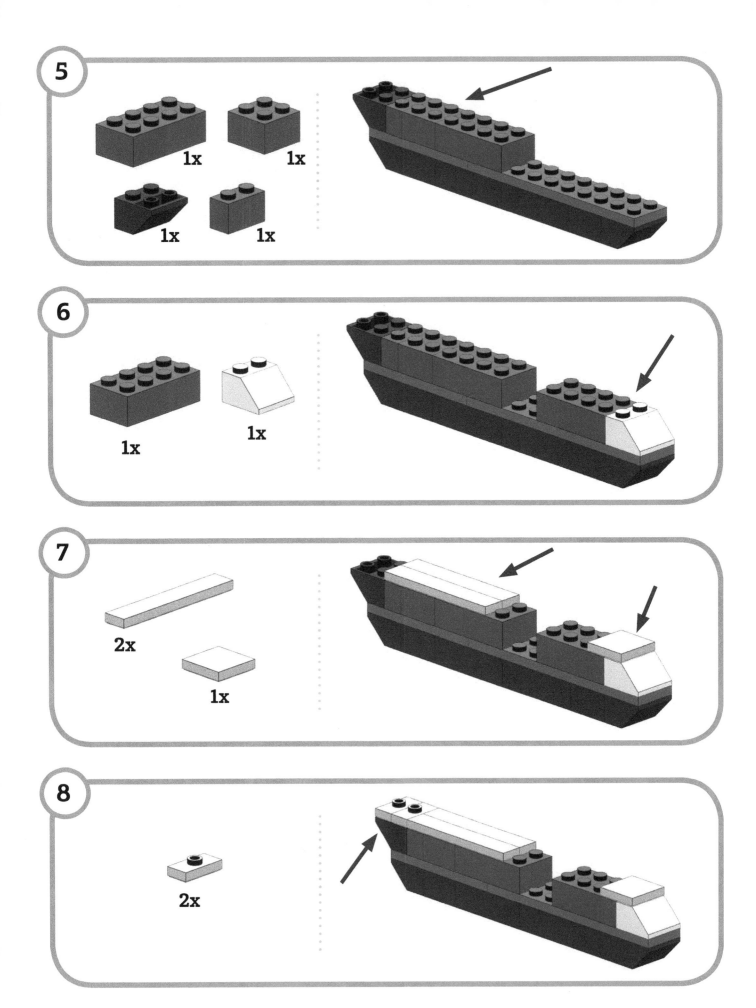

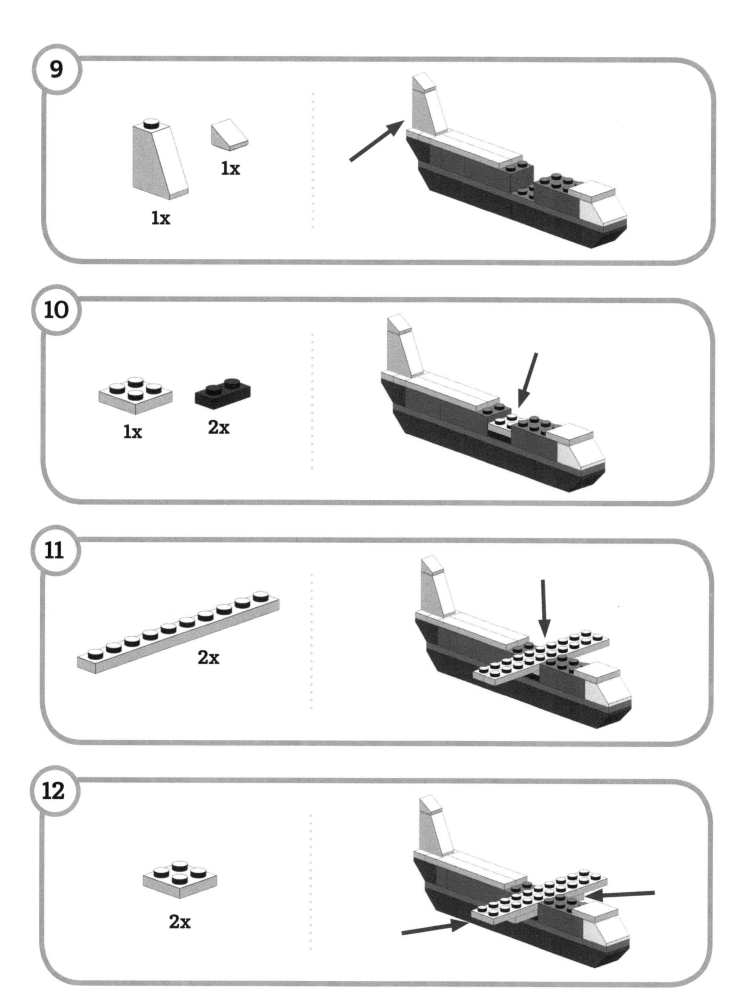

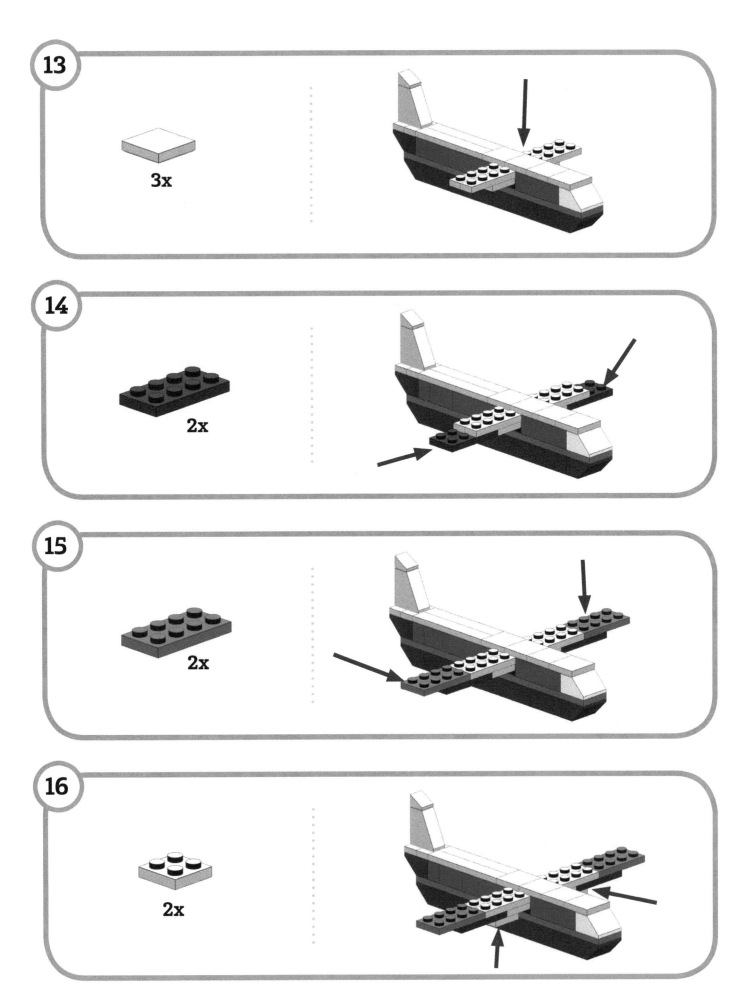

13

3x

14

2x

15

2x

16

2x

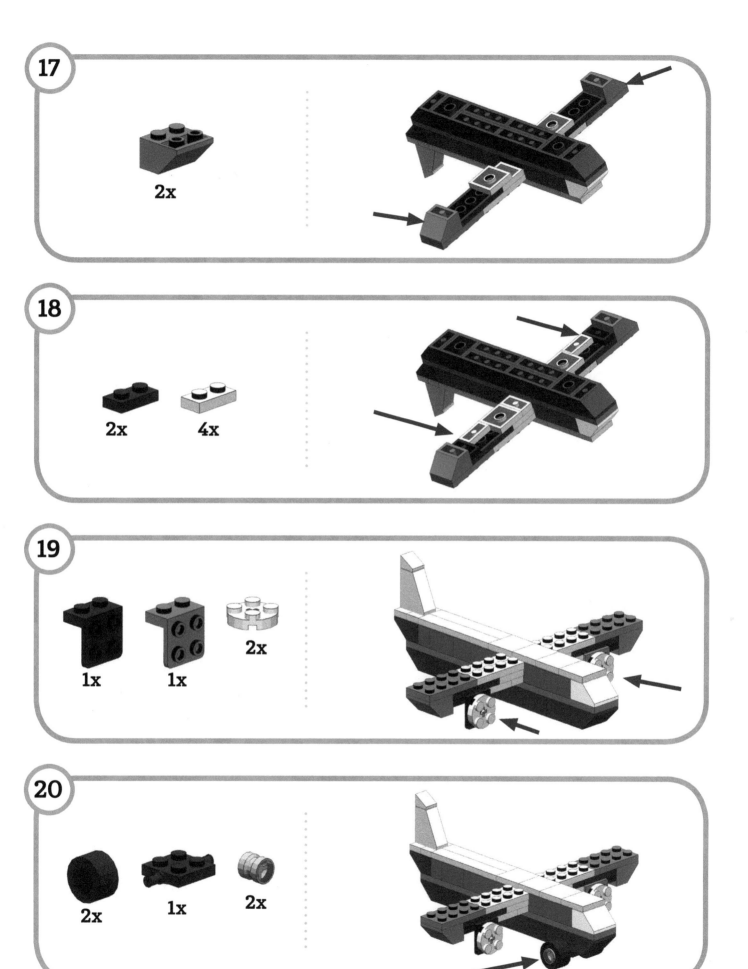

17 2x

18 2x 4x

19 1x 1x 2x

20 2x 1x 2x

Jumbo Jets

Jumbo Jet

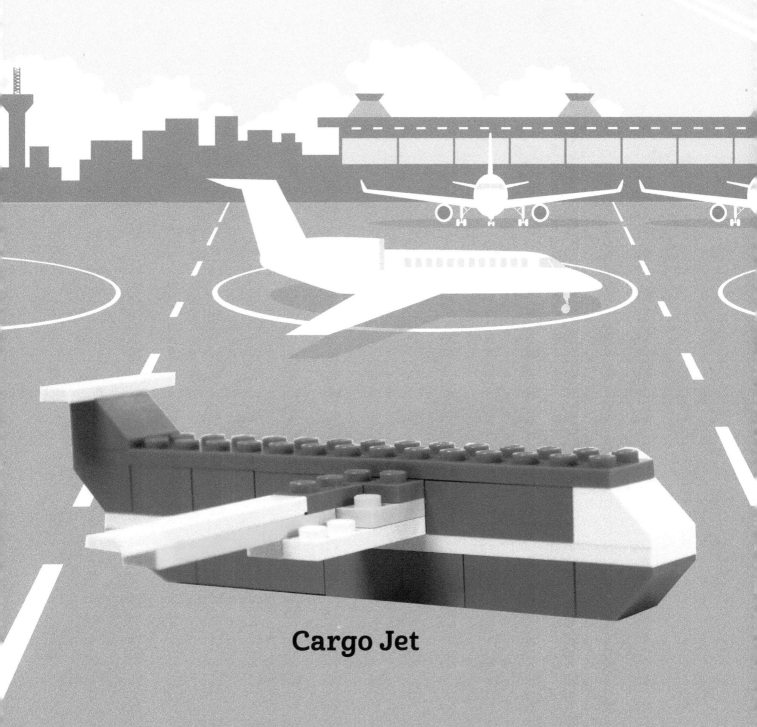

Cargo Jet

Build a Jumbo Jet

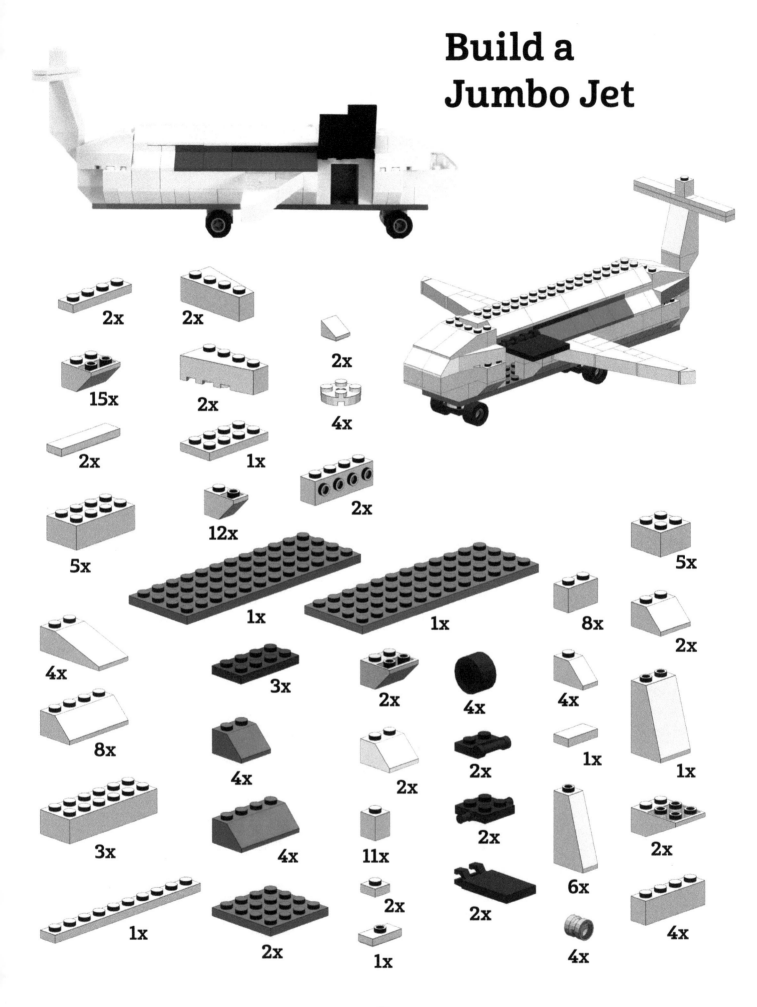

2x

2x

2x

15x

2x

4x

2x

1x

2x

5x

12x

1x

1x

8x

5x

2x

4x

3x

2x

4x

4x

2x

1x

8x

4x

2x

2x

2x

1x

3x

4x

11x

2x

6x

2x

1x

2x

1x

2x

4x

4x

1

1x 1x 1x 2x 2x 13x 12x

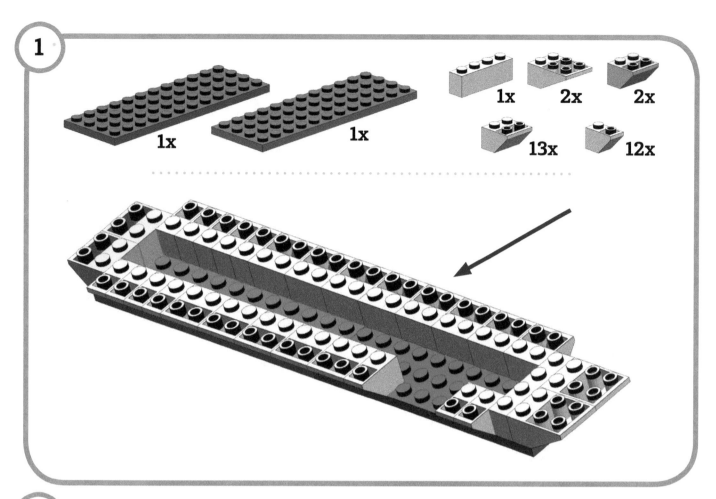

2

3x 4x 2x 2x 5x 2x

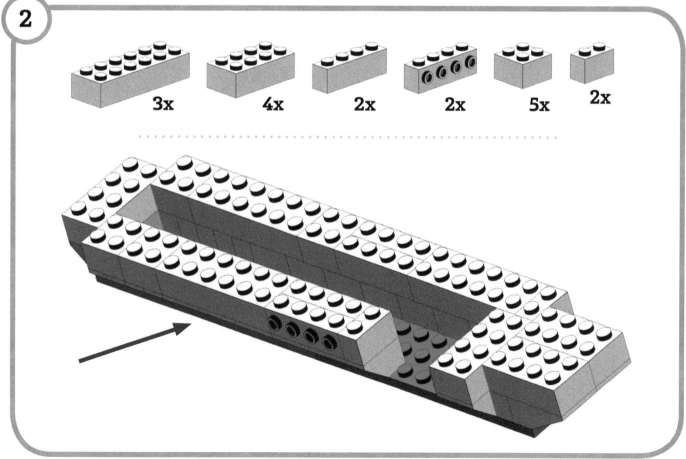

3

1x 2x 2x 2x

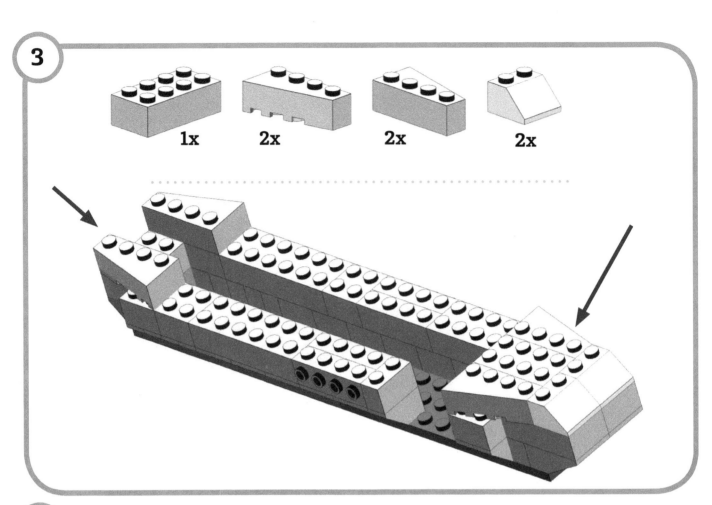

4

1x 4x 2x

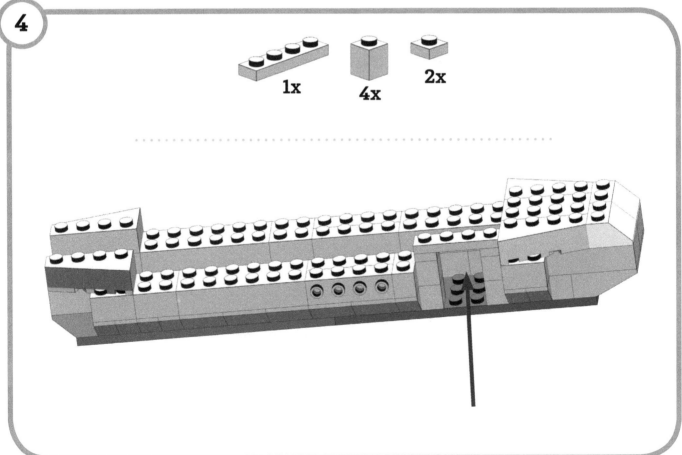

70

2x

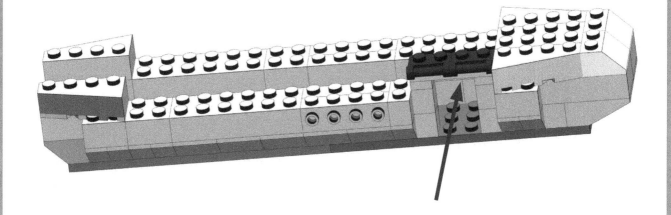

4x   4x   2x   1x   2x

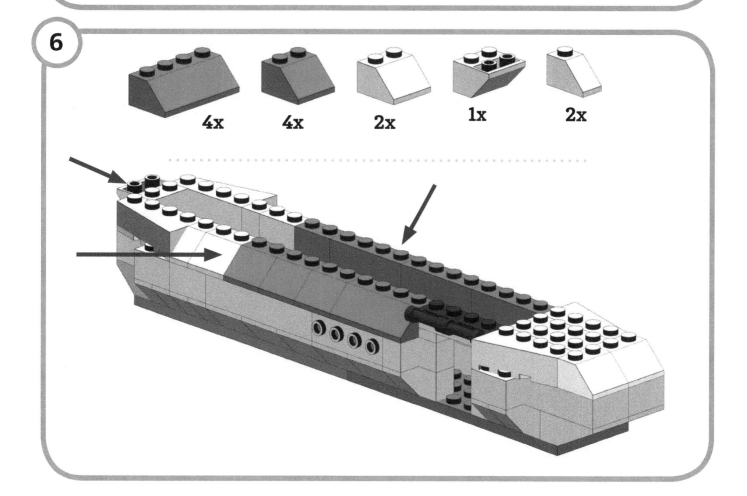

7

2x   2x   3x   1x   1x

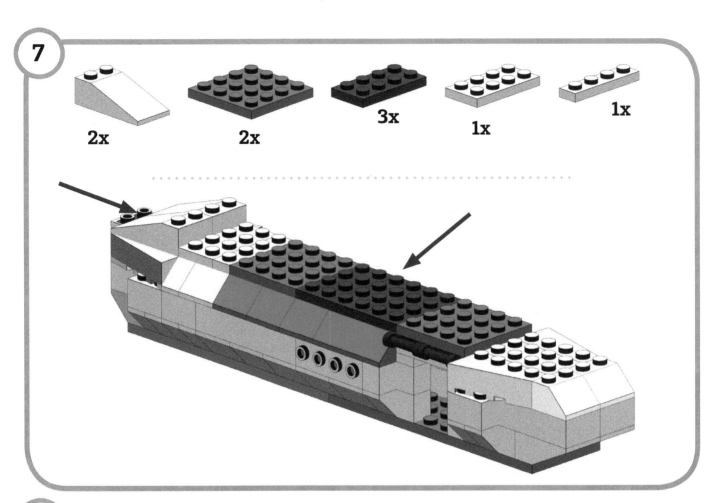

8

8x   2x

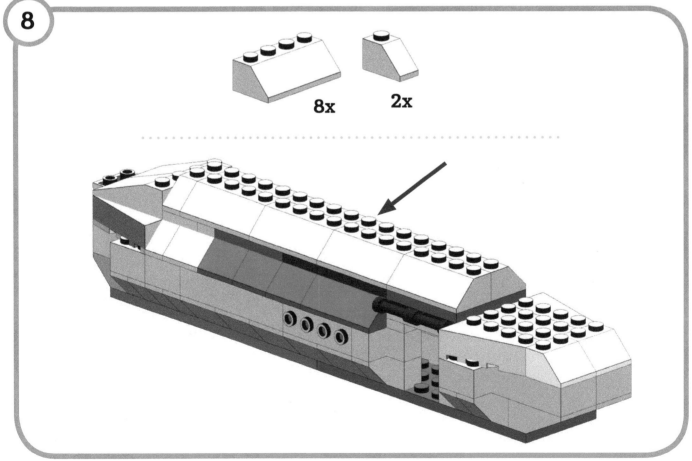

9

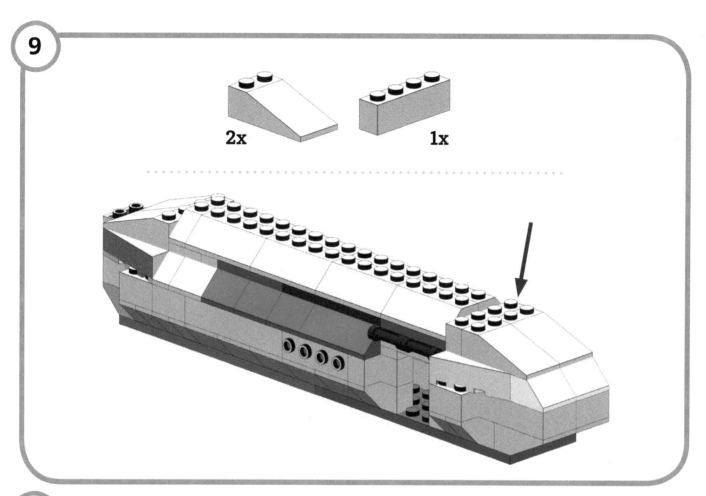

2x   1x

10

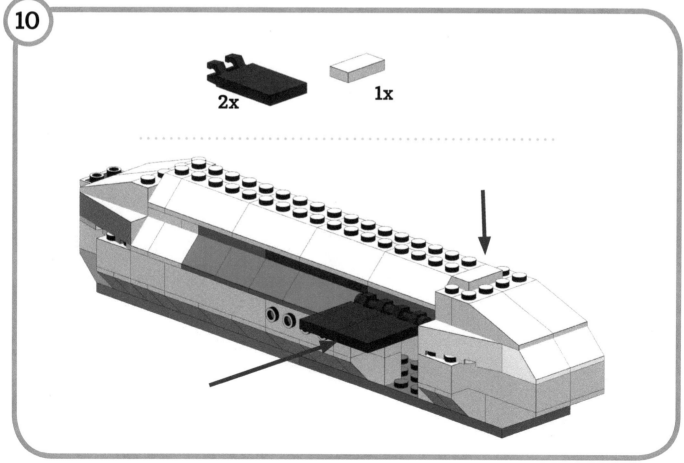

2x   1x

73

11

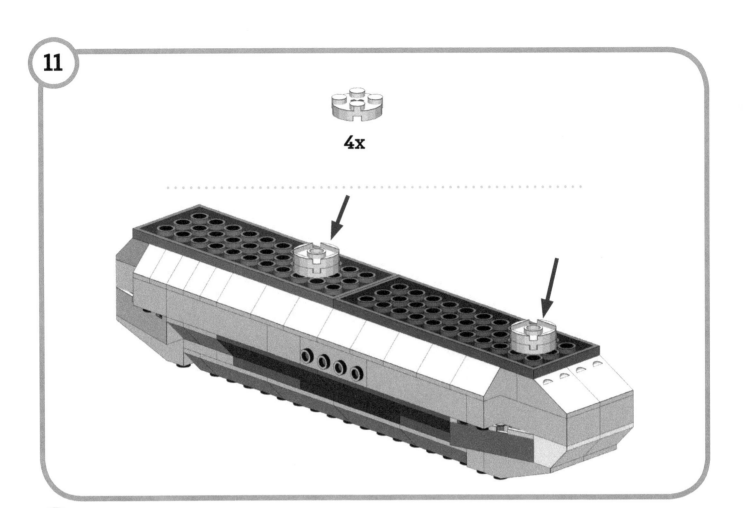

4x

12

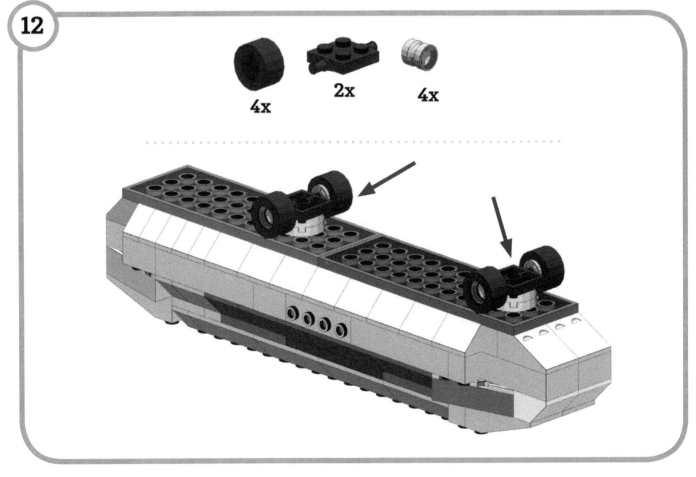

4x   2x   4x

13

3x 3x 3x 1x

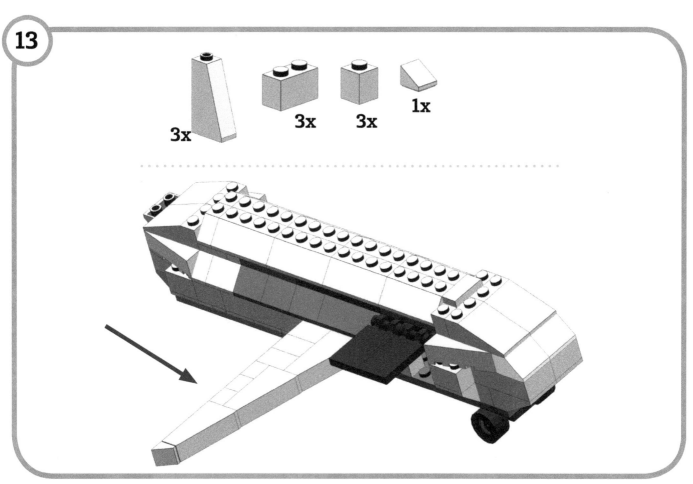

14

3x 3x 3x 1x

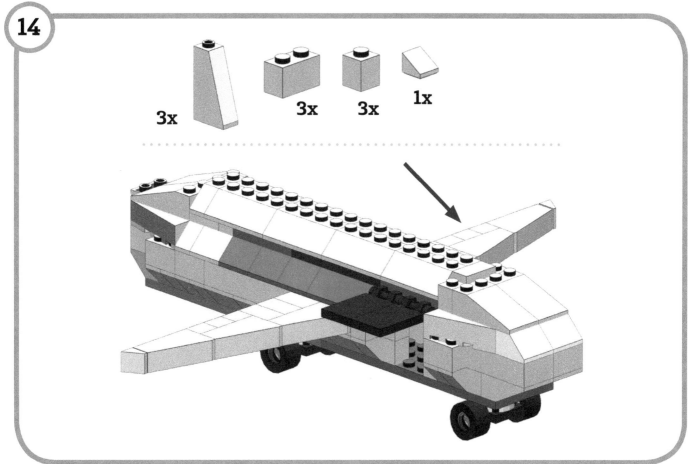

15

1x

1x

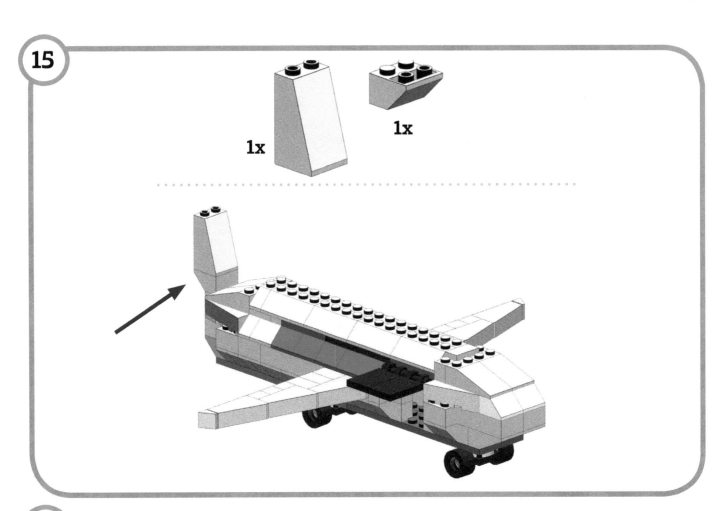

16

1x

1x

1x

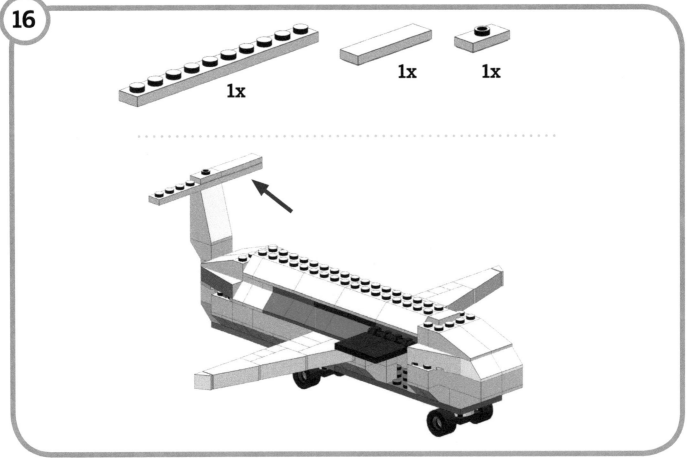

17

1x   1x

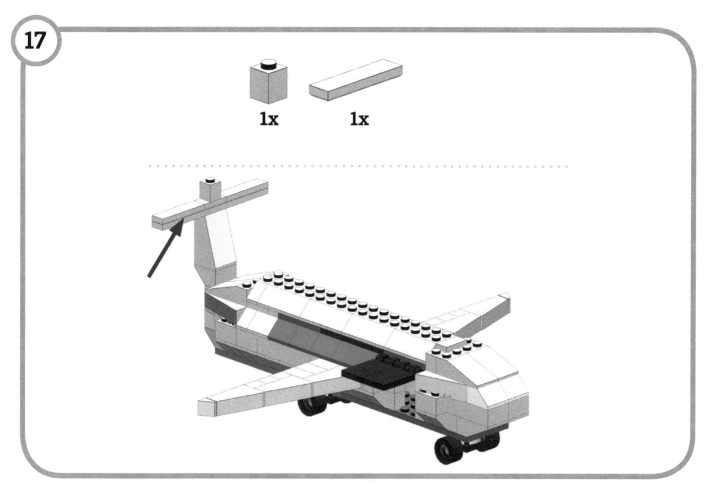

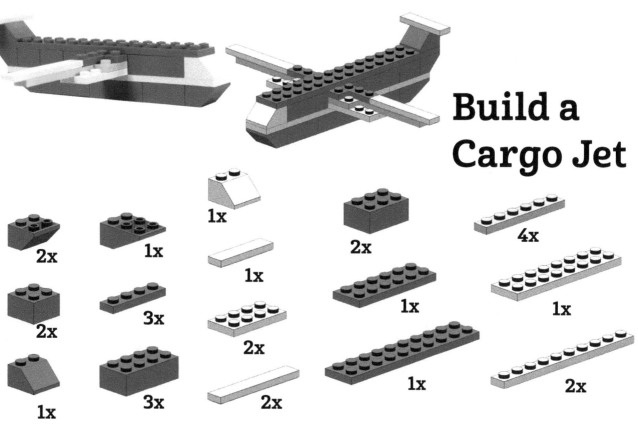

Build a Cargo Jet

1x

2x   1x   1x   2x   4x

2x   3x   2x   1x   1x

1x   3x   2x   1x   2x

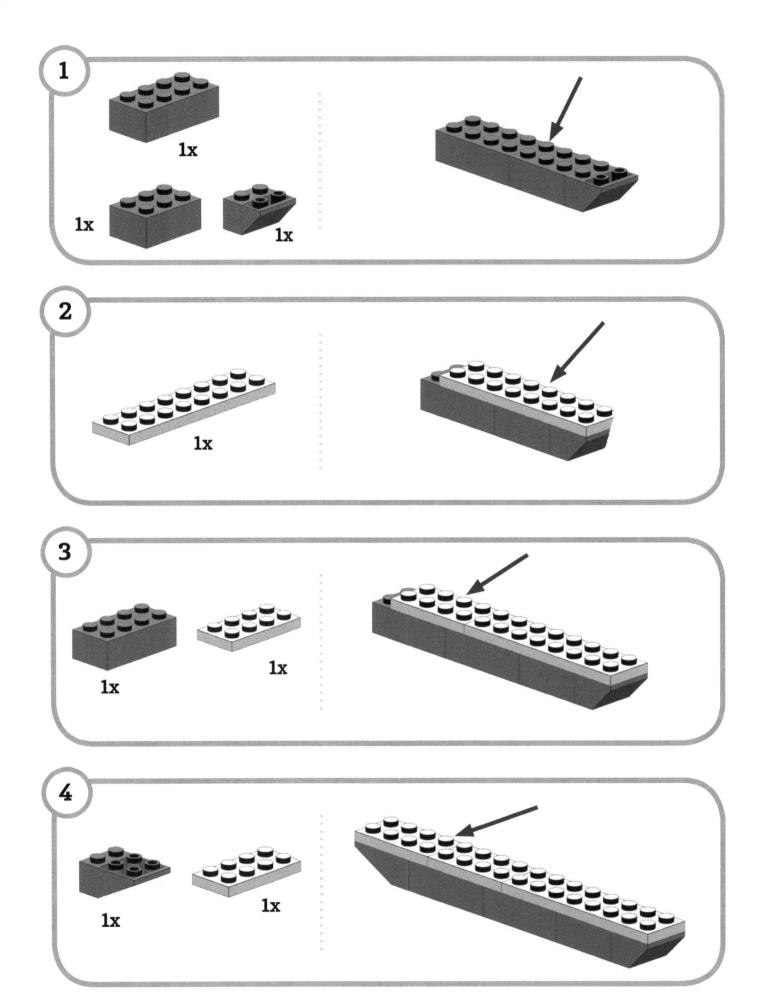

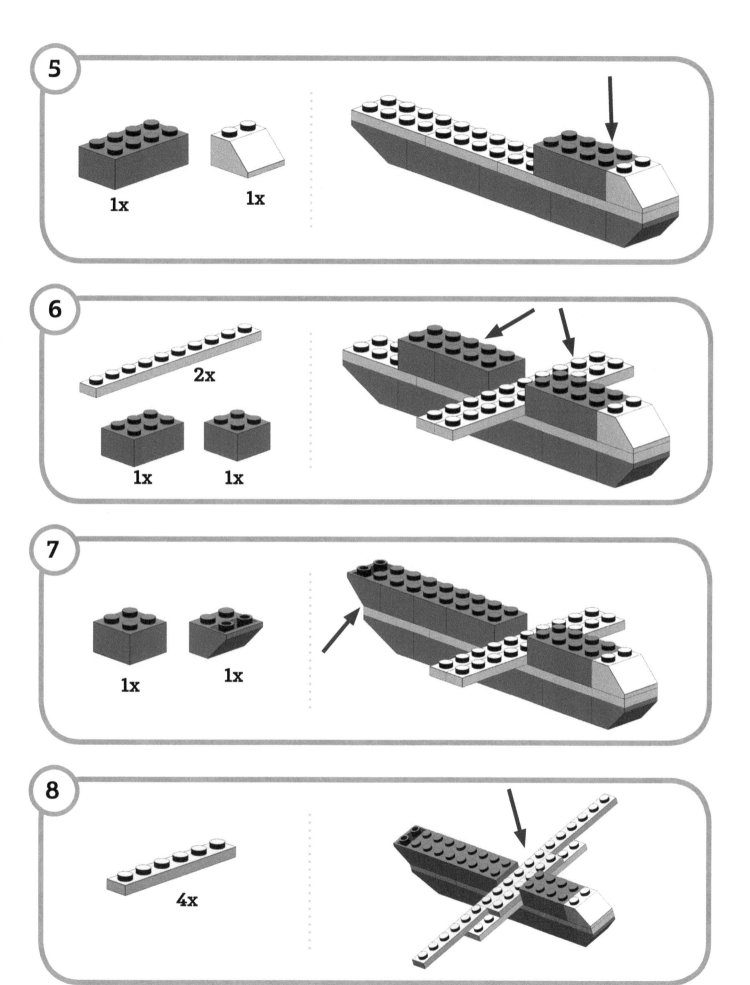

9

3x

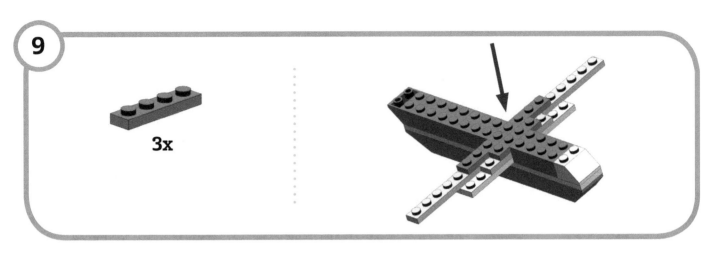

10

1x

1x

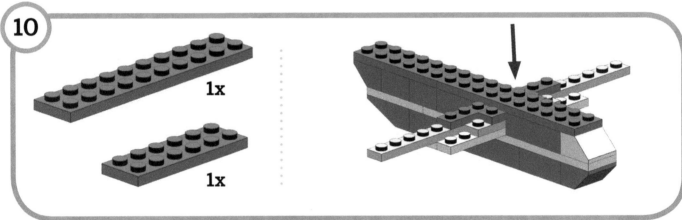

11

2x

1x

1x

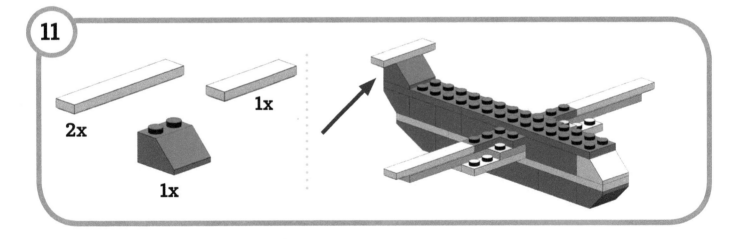

Library of Congress Control Number: 2016918974
International Standard Book Number: 978-1-513260-52-5 (paperback)
978-1513260549 (hardbound) | 978-1-513260-53-2 (e-book)

Designer: Vicki Knapton

Graphic Arts Books
An imprint of

GA
GRAPHIC ARTS
BOOKS®

GraphicArtsBooks.com

Proudly distributed by Ingram Publisher Services.

The following artists hold copyright to their images as indicated: Front cover (middle right): KID_A/Shutterstock.com; Plane-a-palooza on pages 1, 6-7: Zubada/Shutterstock.com; Ready for Liftoff on front cover (bottom left), pages 32-33, back cover: Denis Cristo/Shutterstock.com; Jumbo Jets on pages 66-67: Zubada/Shutterstock.com.

The author thanks the LDraw community for the parts database it makes available, which is used for making instructions found in the book. For more information on LDraw, please visit ldraw.org.

Make sure your Build It! library is complete

○ Volume 1

○ Volume 2

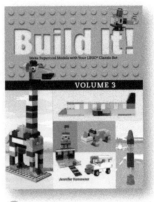
○ Volume 3

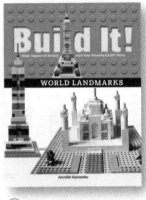
○ World Landmarks

○ Things that Fly

○ Things that Go

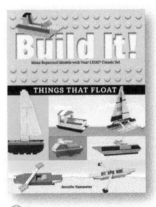
○ Things that Float

○ Robots

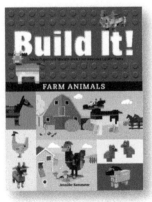
○ Farm Animals

○ Dinosaurs

○ Trains

○ Sea Life

Visit GraphicArtsBooks.com for more titles in the series

Printed in the USA
CPSIA information can be obtained
at www.ICGtesting.com
JSHW072027140824
68134JS00042B/3810